ルターの脱構築

宗教改革500年と
ポスト近代

江口再起

LITHON

目次

目　次

一章　贈与の神学者ルター

一　宗教改革五〇〇年

一五一七年一〇月三一日、ルターが発表した「九五ヵ条」から、今年（二〇一七年）はちょうど五〇〇年目に当たります。宗教改革五〇〇年の年です。この五〇〇年にあたり、私は大切なことが二つあると思います。「原点」ということ、もう一つは「未来志向」ということです。「原点」と「未来志向」です。具体的に言うと、「原点」を考えるとは、ルターそして宗教改革運動の最も本質的なこと、つまりルター神学の原点あるいは核心は何か、ということです。そして「未来志向」とは、ルターや宗教改革を過去の出来事と考えるのではなく、むしろ未来を見据えた現代の問題として問うということです。

もう少し説明しましょう。まず後者の現代の中で考えるという問題から考えてみましょう。現代という時代を考えるとき、二つの日付が大事です。「9・11」と「3・11」です。9・11とは言うまでもなく、あの二〇〇一年九月一一日の、イスラム過激派によるニューヨークの世界貿易センタービル等への同時多発テロのことです。確かにあの日から世界は変わりました。様々な事を考えねばなりませんが、浮かび上がってきた問題の一つは「宗教の衝突」ということです。イスラム教対キリスト教。そのほかにも世界には様々な宗教があり、またそこから様々な深刻な対立が生じています。今日の難民問題もその一つです。果たして、衝突対立ではなく、共生は可能なのだろうか。いや宗教だけでなく、もっと広く言って、人類の共生は可能なのだろうか。「9・11」は私たちに「共生」というテーマを提示しました。

3・11とはこれもまた言うまでもなく、あの二〇一一年三月一一日の、東日本を襲った大津波とそれに伴うフクシマの原発事故のことです。ここでは原発事故について考えます。ご存知のように、あの事故からの復興は困難をきわめています。いや、そもそも人間は原子力（核）を制御しえるのでしょうか。人類と原子力は共存しえるのか、大いに疑問です。なぜなら原子力は、人間の力を原理的に超えている。あえて言えば、原子力問題とは「神の領域」と関わることではないでしょうか。つまり、「3・11」が私たちにつきつけた問いとは、私たち人間が「神の前に（coram Deo）」生きるとは、どういうことか、ということです。「神の前」に立つ、これはすぐれてルター的な問いです。

さて、宗教改革五〇〇年で大切なことのもう一つ、「原点」ということについて、次に考えてみましょう。つまり、ルター神学の核心に関わる問題です。ルターの核心は何か。一つの答えは、「信仰義認」です。人は信仰によって義とされる、つまり救われるという教えです。もちろんこの教えは、ルターのと言うよりも、聖書の、とりわけパウロの教えですが、ルターが改めて強調したことによって、宗教改革運動の推進力となりました。人は信仰によって救われる。標語的に言えば「信仰のみ（sola fide）」です。しかし、今日、私が特に問題にしたいことは、この信仰義認の教えが、少し強く言えば誤解されてはいないかということです。人は信仰によって救われる、といういわゆる信仰義認の教えが、その人の信仰の有無、つまりその人が信仰を持っているかどうか、あるいはその人の信仰の熱心さがどの程度か、言うなればその人の信仰力の大きさ小ささ、果ては、その人が洗礼を受けているかどうかで、救いが決まるかのごとき理解が、しばしばなされているのです。仏教の言葉を借用すれば、これでは救いがその人の「自力」による、ということになっているのです。しかし、救いは人間の自力ではない。いわば神の「絶対他力」によるのです。これこそがルターの語りたかったこと、ルターの原点、核心です。

いきなり結論じみた言い方になりましたが、こうしたルターの原点をめぐって、そしてそれがもたらす現代の課題、つまり未来志向の問いについて、もう少し考えていきましょう。

二　ルターの核心―恩寵義認

ルターをどのように理解したらよいのでしょうか。確かにルターの「九五ヵ条」によって宗教改革運動が始まり、様々な改革がなされました。礼拝の改革、教会制度の改革、教育改革、更には社会改革にも発展していきました。しかし、ルターは単なる勇気ある改革の指導者、ヒーロー、正義の味方というだけではありません。むしろ目をとめるべきは、改革の根元にあるもの、つまり原点、すなわちルターの核心です。

ルターの若き修道士時代の、いわゆる「塔の体験」に注目してみたいと思います。ヴィッテンベルクの修道院の塔の一室でなされたと言われる「塔の体験」については、詳しい事実関係はわかりません。しかし、それが後年「宗教改革的転回」と呼ばれ、それこそが改革者ルターの誕生と言われています。ルターの死の一年前、『ルター全集』が出版されたのですが、ラテン語によってなされた著作を集めた『ラテン語著作全集』第一巻の序文に、ルター自身がその「塔の体験」が何であったのかについて述べています。

若きルターは修道士として聖書を研究していたのですが、聖書にでてくる「神の義（iustitia Dei)」という言葉を理解することがどうしてもできませんでした。いや理解できないどころか、むしろルター自身の言葉を使えば、彼は「神の義」、つまり「神は義しい」という言葉を憎んでさえいました。なぜなら、神が義しければ、義しくない罪人たる人間（つまり私）は神の怒りによって、裁かれる他ないからです。ですから人間は、裁かれないために善行に励まねばならない。しかし、それでも完全に神の怒りから免れることはできない。それが人間です。ルターは絶望的な気持ちになりました。それゆえ彼は「神の義」という言葉を心の中で憎んでいたのです。

ところがパウロのロマ書一章一七節の言葉によって、ルターは目をさまされます。そこにはこう書いてありました、「福音には、神の義が啓示されている」。「神の義」は福音である、と書いてあるのです。今までルターは「神の義」は呪いだと感じていました。ところが、聖書には逆に福音だと書いてある。一体、どういうことなのでしょうか。

なぜ「神の義」が福音なのか。それは自らの力では、義しくは生きえない人間だからこそ、そういう私に「神の義」が神から無条件で贈物としてプレゼントされるからです。「神の義」といういわば天国行きの切符は、人間が自らの力で獲得するものではなく、神からプレゼントされるものなのです。それは神からの「恵み（恩寵）」なのです。したがって人間は、その「神の義」を受け入れ受けとめればよい。これを当時の神学用語でルターは「受動的な神の義」と呼びました。

神は怒り裁く存在ではない。逆に、私に天国への切符をプレゼントして下さる「恵みの神」である。

文字通り、恵みの神の発見、これがルター神学の核心です。神は、恵みの神である。「恵みのみ（sola gratia）」です。そして、この神の恵みを受けとめること、これが人間の「信仰」です。人間の信仰が救いをもたらすわけではありません。神の恵みが、人の救いをもたらすのです。このことへの覚醒、つまり人間の善行やガンバリや信仰心や自力で人が救われるのでなく、ただ神の「恵みのみ」によって義とされ救われる、ということへの開眼、これが「塔の体験」とか「宗教改革的転回」と言われていることの内実です。ルターは『ラテン語著作全集』の序文で、この神の恵み（恩寵）に気づいたときのことを、「天国の門が開いた」と表現しています。

さて、そこで私はこのルターの原点（核心）をふまえて、次のように言ってみたいと思っています。信仰義認、つまり「人は信仰によって義とされ救われる」という言い方は、やや誤解をまねく言い方ではないだろうか。むしろ、信仰義認の内実をふまえれば、より正確には、「人は恵み（恩寵）によって義とされ救われる」とまず言うべきではなかろうか、と思うのです。つまり「信仰義認」というより、「恩寵義認」と言うべきではないか、と思うのです。

実際、ルターと相談しつつメランヒトンが起草した『アウグスブルク信仰告白』第四条には、こう書いてあります。「われわれは、恵みにより（aus Gnade）、キリストのゆえに、信仰を通して（durch den Glauben）、罪の赦しを得、神の前に義とされる」。

三　贈与

ルターは『キリスト者の自由』の中で、義認つまり救済のことを「喜ばしき交換（der fröhliche Wechsel)」という不思議な言葉で表現しました。キリストのもっている「義（つまり救い）」と、人間の「罪」との交換。その結果、キリストは人間の罪のゆえに十字架にかかり、人間はキリストの義のゆえに救われるというのです。まさに人間にとって「喜ばしき交換」です。いや、より正確に考えればこれは「交換」というよりも、神による救済の一方的な「贈与」と言うべきでしょう。まさに恵み（恩寵）です。つまりルターによれば、救いとは神による贈与、贈物なのです。救いとは、人間の善行と神の恵みの交換でもなければ、また人間の信仰と神の救いの交換でもない。一方的な神による贈与なのです。ちょうどマタイ福音書二〇章の「ブドウ園のたとえ話」のように、労働者がまるで働いていなくとも主人から一デナリオンの賃金をもらったようなものです。

今日、「贈与（Gift)」という概念が注目を集めています。フランスの哲学者デリダやマリオン、日本でいえば柄谷行人という人が、この問題を考えています。柄谷行人は世界史における資本主義社会を論じるのですが、マルクスが生産様式を軸に考えたのに対して「交換様式」から論じています。資本制社会とは貨幣と商品の市場における交換から成り立っていますが、やがて来たるべき「社会X」は、いうなれば交換でなく贈与の社会です。贈与の世界、「神の国」です。それはユートピアかもしれませんが、それこそが「普遍宗教」の語ってきた理念であると論じました（『世界史の構造』）。私はこうした現代の哲学者たちの理論的努力に呼応して、宗教や神学や信仰の世界も考え抜いていく必要があるだろうと思うのです。

さて、もう一度ルターにもどります。考えてみれば人間の生も、そして死も、これは全て神からの人間への贈与、恵み（恩寵）です。信仰もそうです。ルターはロマ書をドイツ語に翻訳した際に附した「ロマ書序文」という文章の中で、信仰について論じていますが、彼はこう言いました。信仰とは「我々人間のうちにおける神の働き」である。つまり神の賜物である。そして第二に信仰とは、「そうした神の恵みに対する我々人間の確信」である。つまり信仰さえも、我々人間への神の賜物なのです。

まさに贈与の世界です。パウロはガラテヤ書二章二〇節で「生きているのは、もはや私ではありません。キリストが私のうちに生きておられるのです」と語りましたが、それは言うなれば私たち人間にキリストという存在が神から贈与されたということです。これがキリスト教が伝統的に語ってきたイエス・キリストの十字架の意味ですし、贖罪論の中味です。救いが与えられる、つまり贈与、すなわち恵みです。神学者の滝沢克己は、このことを「神われらと共にあり（インマヌエル）」と言いましたし、小説家遠藤周作は「共なるイエス（同伴者イエス）」ということを強調しましたが、同じことを言っているのでしょう。

そして、まさにルターはそうした神の恵みの世界を語った神学者なのです。それがルターの核心です。神の恵み（恩寵）、すなわち神の贈与を改めて説き明かし、改革運動をすすめていったのです。そういう意味で、ルターは「贈与の神学者」なのです。

四　リンゴの希望

さて、こうしたルターの贈与の神学（恩寵義認の神学）は、私たちが生きているこの現代世界と、どう関わるのでしょうか。最後に、この点について考えてみましょう。先に、ルターは「神の前（coram Deo）」という言葉をよく使ったと指摘しました。私たち人間は、「神の前」で生きるのです。ということは、私たちは「神の領域」と「人の領域」をしかと見定めて、混同することなく生きてゆかねばなりません。

しかし、現実はどうでしょうか。原子力（核）は「人の領域」の事柄でしょうか。いくら強弁しようとも、私たちは原子力を制御しえていませんし、原理的にしえないでしょう。そもそも原子力エネルギーは、地球上の生命圏にある他のもろもろのエネルギーとは性格が原理的に全く違います。他のもろもろのエネルギーは原子核の周りの電子の化学反応によるエネルギーですが、原子力エネルギーは原子核そのものの分裂・融合のエネルギーなのです。全く違う。それゆえ人類は原子力を根本的に管理したり制御したりできないのです。核と人類は、原理的に共存できないのです。つまり、それは言うなれば「人の領域」の問題でなく、「神の領域」の事柄です。

「神の前（coram Deo）」で生きるとは、「神の領域」に人間が手を突っ込むことではなく、神の恵みを贈与として感謝をもっていただく生き方です。それを私たちは「信仰」と呼んできたのです。そして、そのように「神の前」で信仰をもって生きる人は、「人の前」では愛と奉仕に生きるのです。ルターは『キリスト者の自由』の冒頭で二つの命題を掲げました。次の二つです。

「キリスト者は、すべてのものの上に立つ自由な君主である。（つまり「神の前」で救いを約束された者として、もう何ものにも束縛されないということです）」。そして第二に、「キリスト者は、すべてのものの下に仕える愛のしもべである」。つまり、私たちは「人の前」では、愛と奉仕（まさに善き業）に生きるのです。ルターはこの人間の生き方を『キリスト者の自由』の最後のところで、「私もまた私の隣人のために一人のキリストになる」と表現しました。

私たちは一人のキリストとして生きていくのです。神からの恵みの贈与をいただいた人は、隣人に対して今度は愛の贈与に生きていくのです。共に生きていくのです。まさに「共生」です。そしてこれこそがエキュメニズムではないでしょうか。エキュメニズムとは、たんにキリスト教教派間再一致運動でもなければ、諸宗教間協力運動でもない。その言葉の真実の意味は、全人類の「共生」ということなのです。エキュメニズムの語源「オイケオー」は「住む」ということですが、人間はこの地球上に共に住むのです。

とは言え、私たちの目の前の現実はどうだろうか。原発事故、戦争とテロ、貧困、難民、家庭の不和、精神的ストレス等々。現実に希望はないのでしょうか。私は「NO！」と言いたい。ルターが語ったと語り継がれている、あの有名な言葉を引用して私の講演を終わりたいと思います。

「たとえ明日世の終わりが来ようとも、それでも今日わたしはリンゴの木を植える」。リンゴの希望です。このリンゴの希望こそ、神から私たちへの贈与なのです。

二章　ルターにおける信仰と贈与の神学

——『大教理問答書』に学びつつ

一　ルターの不思議な表現「神をもつ」

ルターは、一五二九年に『大教理問答書』を出版した。その冒頭（第一部「十戒」の第一戒の解説）に不思議な表現を書きつけている。「ひとりの神をもつ（ein Gott haben）」という言葉である。[1] ふつう「神をもつ」などという言い方はしない。妙な言い方である。

あるいはその少し後で、次のようなことも書いている。「今あなたが、あなたの心をつなぎ、信頼を寄せているもの、それがほんとうのあなたの神である」。[2] これも、あまりふつうでない言い方である。ふつうならば、「ほんとうの神」がおられるから、それゆえ「あなたは心をつなぎ、信頼を寄せる」という順番になる。ところが、ルターの表現は逆になっている。「あなたが心をつなぎ、信頼を寄せているもの」、それが「ほんとうのあなたの神」なのだ、と言う。ふつうとは順序が逆である。

こうしたルターの独特な不思議な表現は、何を意味しているのだろうか。この論考ではここから出発し、ルターにおける信仰の構造を明らかにし、最後に贈与の問題、いうなればルターにおける「贈与の神学」について考えてみたい。

二　フォイエルバッハのルター論

「神をもつ」というルターの不思議な表現に注目し、そこから自らの思想を組み立てていった人物がいる。一九世紀ドイツの哲学者フォイエルバッハ（Ludwig Andreas Feuerbach）である。一八四一年に『キリスト教の本質』を著し、その後のマルクスにまで至る宗教批判に多大の影響を与えた哲学者である。

フォイエルバッハの宗教への批判は、一言でまとめれば「神学の秘密は、人間学である」ということになる。彼はこう考えた。人間は、自らの「（人間の）類的本質」を、自ら（人間）の外に神として表現し、つまり投影（Projektion）し、そこに宗教世界をつくり出した。個的なものとしては人間は有限だが、自らを（人）類として考えれば人間は永遠に続く無限なるものと考えられるからである。人間における無限なるもの、類的本質、それを人間は「神」と名付けたのである。フォイエルバッハは次のように言う。「神の本質は、人間の本質以外のなにものでもない」（『キリスト教の本質』）。つまりフォイエルバッハにいわせれば、聖書（「創世記」）が説いているように神が人間を創造したのではなく、そうではなくて逆に人間が自分の願望に従って神を創造したのである、ということになる。まさに「神学の秘密は、人間学である」。

とは言え、フォイエルバッハは、たんに宗教を否定したのではない。フォイエルバッハの意図は、宗教のたんなる否定ではなく、宗教が本来めざしていることは「人間の本質」を明らかにし、それを守ることにあると考え、そうした意味での宗教の本来の意図の貫徹、そしてそれゆえの批判、すなわち宗教の「止揚」にあった。

そこでフォイエルバッハは『キリスト教の本質』の宗教批判の内容を更に明確にし深化するために、更にルター研究に取り組んだのである。そして一八四四年にその成果として、『ルターの意味での信仰の本質（Das Wesen des Glaubens im Sinne Luthers）』を著した[3]。

さて、このフォイエルバッハのルター論を検討したいのだが、その前にエピソードを一つ。それは一八四三年にカール・マルクスが匿名で発表したとされる「シュトラウスとフォイエルバッハとの審判者としてのルター」という論考である[4]。そこでマルクスは奇跡の解釈をめぐってシュトラウスに対してフォイエルバッハの方に軍配をあげ、「真理と自由への道は、火の川〔フォイエル（火）＋バッハ

（川）」を通る以外にない」と言うのだが、その論拠としてフォイエルバッハの考えがいかにルターの言葉と一致しているかを、ルターを引用しつつ論じているのである。……もっとも今日、多くの研究者はこのマルクスの論考は、実はフォイエルバッハ自身が執筆したものだと判定しているのだが[5]。

さて、フォイエルバッハの『ルターの意味での信仰の本質』にもどろう。フォイエルバッハがこの著書で問題にするのは、ルターのキリスト論、そして信仰論である。と言うのは、フォイエルバッハがルターから学んだことは、神は「ただ自分自身で孤立して存在する存在者」ではなく「われわれのために存在する存在者」である、そしてそれこそがキリストである、ということであった。これはルターのキリスト論の核心を確かにつかんでいる。つまり、まさにルターの言うところの「pro me（わたしのため）」、「pro nobis（われわれのため）」である。

そして、そのような「われわれのため」の神、すなわちそれがキリストということだが、かかる意味におけるキリストへの信仰、それがルターの神信仰ということなのであるが、そこから「神をもつ」という独特の表現をルターはするのだ、とフォイエルバッハは考えたのである。フォイエルバッハは次のように書いている。

ルターの意味での信仰の本質は、本質的に人間に対して関係する存在者としての神、に対する信仰のなかに存立している。すなわちルターの意味での信仰の本質は、神はただ自分自身だけで存在する存在者ではなくて、むしろわれわれのために存在する存在者、われわれ人間にとって善き存在者であるという信仰のなかに存立している。〔それゆえルターも言っている〕「神をもつということは、あらゆる恩寵とあわれみ、そして人が善と呼びうるあらゆるものをもつということである[6]」。

フォイエルバッハが引用しているルターの言葉は、ヨハネ福音書六章二六節以下に基づくルターの説教の中の言葉であるが（Wochenpredigten über Joh.6-8, 1530-32）、そこでもルターは「神をもつ」という言葉を使い、それにフォイエルバッハが注目していることがわかる。ここで論点をまとめておけば、ある意味でフォイエルバッハはルターの神信仰の特質を鋭くも正確につかんでいたことがわかる。神への信仰とは、「わたしのため（pro me）」の神、すなわちそれがキリストだが、そういうキリストへの信仰ということであり、そういう信仰をルターは「神をもつ（ein Gott haben）」と表現したのである。

さて、ここまではフォイエルバッハはルターと共に歩んでいる。ところが、このまさに「神をもつ」という言葉を分岐点として、フォイエルバッハは独自の道に乗り出す。つまり彼はルターの「神をもつ」という表現をテコに、宗教批判を展開していくのである[7]。フォイエルバッハは次のように言う。

私が信仰するのは、ただ私が、神は私の神であるということを信ずる場合だけである。つまり、もし神が私の所有〔mein〕であるならば、そのときはあらゆる神的な諸財宝もまた私の所有〔Eigenthum〕なのである、すなわち神のあらゆる諸特性もまた私にかんする諸特性なのである。信仰するということは、神を人間にしかつ人間を神にすることを意味する。……〔このことをルターは次のように言っている〕『もしあなたがそのものを信ずるならば、そのときはあなたはそのものをもち、もしあなたがそのものを信じないならば、そのときはあなたはそのものをもたない』……(8)。

ルターは神信仰を「神をもつ」ととらえ、そのように表現した。そしてフォイエルバッハはルターの信仰をそのように把えたがゆえに、そこからフォイエルバッハはフォイエルバッハなりの別の道を歩みだす。「信仰するということは、神を人間にし、かつ人間を神にすることを意味する」と彼は言う。「神の本質は、人間の本質以外のなにものでもない」という彼の宗教批判の展開である。それはやがてフォイエルバッハからマルクスへという、宗教批判の道へと展開していく。ルターからフォイエルバッハへ、そしてフォイエルバッハからマルクスへ……。

三　神と信仰

ルターからフォイエルバッハへ、そしてフォイエルバッハからマルクスへと一筋の道が描けたかに見える。しかし、その道はほんとうに続いているのか。ここで改めてルターが語ることを聞いてみなければならない。まず『大教理問答書』の冒頭（「十戒」の第一戒の解説）のところを引用する。

第一戒　あなたは、他の神々を持ってはならない。

すなわち、あなたは私のみをあなたの神と思えということである。これはどういうことを言っているのか、またどう理解されているのか。ひとりの神を持つとはどういう意味なのか。あるいは神とは何であるのか。答え。ひとりの神とは、人間がいっさいのよいものを期待すべきかた、あらゆる困窮に際して避け所とすべきかたである。したがって、ひとりの神を持つとは、ひとりの神を心から信頼し、信仰することにほかならない。私がしばしば述べたように、ただ心の信頼と信仰のみが神と偶像の両者をつくるのである。信仰と信頼とがただしくあれば、あなたの神もまた正しいのである。反対に信頼が偽りであり、正しくないところにはまことの神もまたいましたまわない。なぜなら、この二者、すなわち信仰と神とは相ともに一体をなしているからである。そこで、今あなたが、あなたの心をつなぎ、信頼を寄せているもの、それがほんとうのあなたの神なのである。(9)

1 「神をもつ」

そもそも一体全体、「神をもつ (ein Gott haben)」とは、どういうことか。「神をもつ」、不思議な表現である。ふつうは、こういう言い方はしない。なぜなら一見すればこうした言い方は、まるで人間が神を所有するかのような、つまり人間の方が主人のような言い方になるからである。事実、フォイエルバッハはそのように理解した。しかもルターは更に、「心の信頼と信仰が、神と偶像をつくる (machen)」とさえ言う。偶像についてはともあれ、なんとルターは「神をつくる」とまで表現する。

確かに「神をもつ」にせよ「神をつくる」にせよ、こうした言い方は、人間がつくりだした神々(偶像 Abgott) には、それなりにふさわしい言い方ではあろう。実際、ルターは偶像を説明するに際して、「神をもつ」という言い方をしている。「……マモンという神、すなわち金と財……、同様にすぐれた技能、権勢、恩顧、知遇、名誉をもっていることを頼みとし、これを誇っている連中もまたひとつの神をもつというわけであるが、しかし、それは〔偶像であって〕唯一のまことの神ではない(10)」。

では、ルターの真意はどこにあるのか。「神をもつ」。なぜルターはこういう表現を使うのか。ルターは次のように言っている。

神をもつと言っても、神を指でとらえたり、袋に入れたり、箱の中に封じたりはできないことはよく理解できよう。けれども、心が神をとらえ、神によりかかっているときには、まさしく神をつかんでいると言えるのである。ところで、心をもって神によりかかるということは、徹頭徹尾、神を信頼することに他ならない[11]。

ルターはこう言っている。「神をもつ（Gott haben）」とは、すなわち「神をとらえる（Gott ergreifen）」あるいは「神をつかんでいる（Gott fassen）」ということであるが、それは同時に他面からみれば「神によりかかる（an Gott hangen）」ということであり、この「神によりかかる」、すなわちこれが「神を信頼する」と言うことである、と。つまり、端的に言うならば、「ひとりの神をもつとは、〔神を〕信頼し信仰するということを意味している[12]」のである。結論。ルターにとって、「神をもつ」とは「信仰」ということなのである。

2 「信仰と神とは一体である」

「神をもつ」とは、「信仰」ということである。しかし、ではなぜルターはこうした表現をするのか。ルターは大胆にも、こう語る。

「この二者、すなわち信仰と神とは、相ともに一体をなしている（Glauben und Gott gehören zuhause〔zusammen〕)[13]」。

（人間の）信仰と神とは、共に属し合っている、一組である、一体をなしている、とルターは言う。それゆえ「神をもつ」という表現も成り立つのである。あるいは又、ルターの次のような言い方もなされたのである。「今あなたが、あなたの心をつなぎ、信頼をよせているもの、それがほんとうのあなたの神なのである[14]」。

信仰と神とは、一体である。それゆえにこそ、かかる一体性が壊されるとき、そこには言うなれば「ねたみ」や「怒り」がうまれる。「ねたむ神」、「怒りの神」である。ルターは次のように言う。「この神は、人間が神から背き去るのを罰しないではおきたまわない神であり、そうした人間が徹底的に根絶されるまでは、四代に至るまでも怒りをやめたまわない神である[15]」。それほど、神と信仰とは一体である。

3　恩寵の神

「わ・た・し、私こそ、あなたに豊かに与える（ICH, ich will Dir gnug geben）[16]」と神は語る、とルターは書いている。神は、人間に豊かに与える。それゆえ「ねたむ神」、「怒りの神」は本来の神の姿ではない。神のほんとうの姿、それは恩寵（恵み）の神である。神とは、恩寵そのものである。

では、恩寵（恵み）とは、どういうことか。「わ・た・し、私こそ、あなたに豊かに与える」。ここから「恵み」に関して、二つの事柄を指摘することができる。一つは、神は人間に豊かに「いっさいのよきもの（alles Guten）[17]」を与えるということ、すなわち、恵みとは「よきもの」であるということである。つまり、第一に恵みとは「よきもの」である。そして第二に恵みとは「与えられるもの」である。

もう少し補足しておこう。恵みとは「よきもの」である。ルターは言う、「われわれドイツ人は昔から神（Gott）を、「よい（gut）」という語にちなんでGottと呼んでいる[18]」。もっともルターのこの語源説は、今日、学問的には否定されている。しかし、ここでルターが言いたいことは、神はわれわれに「よきもの」を与える、ということである。われわれに悪いものを与えるのではない。当たり前のようだが、それが恵みと言われる由縁である。すなわち恵みとは、まず第一に「よきもの」である。

そして第二、恵みとは「与えられるもの」であるということであった。神が与え、人間はそのよきものを与えられる、つまり受け取るのである。更に言えば、神が与え、そのよきものを人間は与えられるがゆえに、そこに信頼（信仰）も生じる。すなわち恵みとは、第二に「与えられるもの」である。

さて、神が与え、人は与えられる。ここには一つの厳然たる秩序がある。ルターは「神の秩序（Gottes Ordnung）」[19]と言っている。秩序とは、統一性のなかにおける区別と順序ということであるが、では「神の秩序」とはどういうことか。ルターは次のようなことを言っている。

「神とはなんであるのか。答。ひとりの神とは、人間がいっさいのよいものを期待すべきかたである。したがって（Also）、ひとりの神をもつとはひとりの神を心から信頼し信仰することに他ならない[20]」。

神と人間（の信仰）が、いくら一体であると言っても、そこには厳然たる区別と順序がある。まず「ひとりの神とは、人間がいっさいのよいものを期待すべきかたである」、つまりまず神（の恵み）がある。そして、しかる後に「したがって（Also）」、「ひとりの神を心から信頼し信仰する」こととなる。つまり次に人間の信頼・信仰が惹起されるのである。神と人間との厳然たる区別、そしてまず神の恵み、しかるが後に人間の信頼という厳然たる順序。これが「神の秩序」である。

ところで、ここで注釈しておきたいことは、滝沢克己のインマヌエル神人学のことである。滝沢はインマヌエル（神、我らと共に）の原点というが、それは神と人間との「不可分・不可同・不可逆」の接点のことである。つまり神と人間は分けることができない、一体である（不可分）、とはいえ神と人間とは同じではない、区別がある（不可同）、そして神と人間とはまず神が与え、人間は与えられるという順序がある（不可逆）。そして、滝沢のいう神と人間との「不可分・不可同・不可逆」という、この神と人間との一体性と区別と順序こそ、ルターのいう「神の秩序」そのものであると言えよう。

さて、ここで再度、神の恩寵、すなわち「恵み」とは何であるかをまとめておけば、恵みとは第一に「よきもの」であり、そして第二にそれは「与えられるもの」である、ということである。

4　受動的能動性の信

神は人間によきものを与える（贈る）、つまり人間は与えられる。与えられるとは、受動性である。そして、これが神と人間との基本形であり、「神の秩序」である。神の恩寵の絶対性と言えよう（「恵みのみ」）。そしてここにルターに学んだフォイエルバッハと、ルターその人とのちがいもある。フォイエルバッハでは、つまるところ神が人間に還元されている。神と人間との区別がなくなっている。ルターは違う。

さて、こうした神と人間との基本形を、前節では神（恵み）に即して考えたが、今度は人間の側から考察してみよう。それが、すなわち人間の信仰の問題である。

ルターは『大教理問答書』で、信仰のことを「神をもつ」と表現した。「神をもつ」、これはきわめて能動的な表現である。人間は、上述したように、神の秩序の中にあって基本形としては受動的存在、すなわち受動性である外ない。にもかかわらず他方で、ルターは人間の信仰ということを、「神をもつ」と能動的なものとしても特徴づけたのである。更にルターはこうも言う。

「われわれはそれを〔よきものを〕人間からでなく、人間をとおして神から受け取るのである。被造物は神がすべてのものをくださるさいに用いられる手であり、管であり、手段である」[21]。

確かに人間は「手段」である。しかし、その手段がなければ事が成就しないという意味で、人間はきわめて能動的なるものとも言えよう。人間存在の、そして信仰ということの能動性である。

さて、それでは受動性と能動性の関連はどうなっているのか。すでに引用した言葉だが、ルターはこういうことを言っている。「神とは何であるのか。答。ひとりの神とは、人間がいっさいのよいものを期待すべきかたである。したがって、ひとりの神をもつとは、ひとりの神を心から信頼し信仰することに他ならない」[22]。

ここでルターは、神と人間との関係は、恵み（恩寵）と信仰の関係だということを言っている。すなわち、神とはつまるところ恵みそのものであるのに対して、人間とはつまるところ信仰そのものなのだ。人間とは信仰する存在なのである。ある人には信仰があり、ある人にはそれがない、ということではない。人間が人間である限り、神との関係でいえば、すべての人間がその特性や濃淡はあるにせよ信仰的存在なのだ。そういう意味で、人間とは信仰そのものと言えよう。

さて、そこでもう一度問えば、神（恵み）と人間（信仰）の関係は、どうなっているのか。神の恵みを軸として言えば、人間とは受動的存在であり、人間の信仰を軸として言えば、人間とは能動的存在と言えよう。受動的でもあり、かつ能動的でもある。より正確に言えば、「神の秩序」の下、受動的でもあり、かつ能動的でもある。そこで、こうした人間存在のあり方を「受動的能動性」と呼んでおこう。

もちろん、何度も繰り返すように、神の秩序（恵みの絶対性）ゆえ、基本形は、人間は受動的存在である。「塔の体験（宗教改革的転回）」でルターが悟ったのも、それは「受動的な『神の義』（iustitia dei passiva）」ということであった。ルター（『マグニフィカート』）の言葉でいえば、「喜ばしき受動性（ein frolich leyden）」ということになる。[23] しかし、より仔細に検討するならば、上述のように人間は受動的存在であるがゆえに、同時に能動的でもありうるのである。受動的能動性、これが人間存在である。

そして、人間とは信仰する存在であるゆえ、その信仰とは「受動的能動性としての信」と言うべきである。ルターにおける信仰の構造、それは受動的能動性としての信である。『ロマ書序文』における有名なルターによる信仰の定式化もそういう構造になっている。ルターは信仰について、まず第一に「信仰とは、私たちのうちにおける神の働き」である、と言う。つまり、ここで人間は受動的である、しかし信仰について第二にルターは次のように続ける。「信仰とは、神の恵みに対する〔人間の〕生きた大胆な信頼」である。(24) ここでは人間は能動的である。

まとめ。ルターにおける信仰、それは一言でいえば、「受動的能動性の信」と言えよう。(25)

四　ルターにおける「贈与の神学」のために

1　恩寵義認

神と人間、すなわち恵みと信仰。この両者は「神の秩序」、つまり恵みの絶対性の下、一体性を形づくる。ルターも言うごとく「信仰と神とは一体である」。

さて、こうした事態をルター神学ではコンパクトに標語化し、「恵みのみ (sola gratia)」と言ったり、「信仰のみ (sola fide)」と言ってきた。この二つの言葉は二つの別の事柄ではない。同じ一つの事柄をメダルの表裏のごとく表裏二様に表現しているのである。同じ事柄を表から、つまり神から言えば「恵みのみ」となり、裏から、つまり人間の側から言えば「信仰のみ」と表現しうるのである。もちろん、急いで再度言えば、こうした言い方もあくまで「神の秩序」の下でのことであるから、もし誤解なきよう一言で言う必要があれば、事の本質は「恵みのみ」と言うべきであろう。恩寵のみである。

ところで、このことと関連して一つ提案したいことは、ルター神学を代表する神学用語「信仰義認」に関してである。「信仰義認」よりもむしろ「恩寵義認」という言葉を使うべきではなかろうか、という提案である。と言うのも、「信仰義認（die Rechtfertigung durch den Glauben）」という用語が「信仰によって義と認められる（＝救われる）」という具合に、しばしば「よって（durch, through）」が原因という意味での「よって」と誤解され、つまるところ「信仰」という名の「（人間の）行為」によって救われる、と理解されてしまっているからである。しかし言うまでもなく、人が義と認められ救われるのは、人間の「信仰」のゆえではなく、神の「恩寵」によるのである。

ともあれ「恩寵義認」の下、神と人間、すなわち恵み（恩寵）と信仰は一体である。

2　ピスティス・場所・中動態

さて、こうした神と人間、あるいは恵みと信仰、あるいは受動と能動の一体性、すなわち一対性ということから、いくつかの神学・哲学問題をたぐり寄せることができる。「キリストのピスティス」、「場所としての神」、そして「中動態」の諸問題である。

まず、「キリストのピスティス」。ロマ書三章二二節やガラテヤ書二章一六節の「キリストのピスティス」をどのように理解すべきか。「イエス・キリストのピスティスにより、信じる者すべてに与えられる神の義」（ロマ三22）。日本語訳では、たとえば「新共同訳」では「イエス・キリストを信じることにより、信じる者すべてに与えられる神の義」と訳されている。しかし、この「キリストのピスティス」の「の」を、カール・バルトのように、主格的所有格と解して「キリストの誠実（Treue）」と理解するか、あるいはルターもそのようにドイツ語訳しているが、目的格的所有格と解して「キリストへの信仰（Glaube）」と理解するか、神学論争が続いている。だがルター自身のドイツ訳を含めて彼の信仰論を熟慮すれば、この両論はどちらも成り立つところこそが大事で、上述の「恵み」と「信仰」のルター的な一対性の理解から解ける問題ではなかろうか。(26)

「場所としての神」について。西田幾多郎は論文「弁証法的一般者としての世界」の中で、ルターの『ロマ書序文』を引用して、次のように書いている。

唯我々はこの世界を絶対弁証法的世界の自己限定として、絶対者の自己表現とみなすことによってのみ、我々は真に生きることができるのである。これを信仰というのである。ルターはローマ書の序言において、信仰とは人々がこれを以て信仰だと思うような人間的な妄想や夢幻ではない、信仰はむしろ我々の内に働く神の業である、……といっている。[27]

信仰とは人間の業（妄想や夢幻）でなく、人間の内に働く神の業（恵み）である、とルターに学びつつ西田は信仰を理解する。[28] つまり神の業（恵み）においてはじめて、人間の信仰も成り立つ。神の恵みと人間の信仰が、いわば主体と客体とが対立対置してあるのでなく、言うなれば主体が「場所」となって、その上で客体も成り立つというような有り方をしている。つまり神が場所となり、その上で初めて人間の信仰も成り立つのである。ここで初めて「信仰と神とは一体である」というルターの言葉も成り立つ。つまり「場所としての神」。これが西田哲学の語りたいことなのである。このことを、西田はルターから学んだ。

さて「中動態」である。内村鑑三が『羅馬書の研究』の中で次のように書いている。

……二つの動詞の態（voice）に就て注意すべき事がある、人の普通知る所は能動態（active voice）と受動態（passive voice）である、日本文法には態は此の二つのみしかない、能動態とは働きかけである、……受動態とは受け身である……甲は全然自力、乙は全然他力である、……然るにギリシャ語その他の国語に中態（middle voice）といふものがある、之は他力と自力の結合を示す態である、……。……基督教道徳を自力本位にのみ解する勿れ、然るときは堪へ難き重荷となる、又恩恵を楽むのあまり全然他力的となる勿れ、かくては緩怠弛廃の空気いと濃きを加へるであらう、宜しく自己の努力と神の力との一致融合の上に之を建つべきである、……。[29]

ここで内村が「基督教道徳」と言っているところは、「信仰」と置きかえて読んでいい。つまり、ここで内村が考えていることは、神の恵みの（人間にとっての）受動性と人間の信仰の能動性の問題である。つまり、我々が検討してきたルター的問題である。そして、この問題は文法的に言えば、中動態(Medium, middle voice）の問題である、と内村は言う。

中動態とは何か。[30] 能動態でもなく、受動態でもない、その結合である中動態。すなわち、自力でもなく、他力でもない、その結合である。まさにルター的たる「受動的能動性」の問題である。「受動的能動性の信」の問題である。

信仰とは何か、信じるとはどういうことか。わたしが「信じる」（自力）のではない、また逆にわたしが「信じさせられる」（他力）のでもない、そうではなくて、神の恵みの下、「信じるようになる（信じられる)」のである。受動と能動、他力と自力の結合である。つまり、信仰とは中動態的な出来事なのである。「中動態的出来事としての信」と言うべきであろう。まさにルター的信仰とは「中動態的出来事としての信」である。

3　贈与と交換

神と人間、恵みと信仰、つまりAとB、そしてAとBとの間に交換的現実がある。この神学的現実をルターは正確に言い表す。したがって、ルターにおいては交換的言説(交換的神学用語)が多い。

「喜ばしき交換(der fröhliche Wechsel)」。ルターは『キリスト者の自由』の中でこう語る。「キリストは一切の宝と祝福を持っておられるが、これらは〔人間の〕魂のものとなり、魂は一切の不徳と罪を持っているが、これらはキリストのものとなる。ここに今や喜ばしい交換と取り合いが始まる」[31]。あるいは、「属性の交流(communicatio idiomatum)」。キリストにおける神性と人性との交流というルターの「キリスト論」の用語である。あるいは「聖徒の交わり(communio sanctorum)」。ルターの「教会論」を表わす概念である。あるいはルターの「聖餐論」を特徴づける言葉「キリストのリアルプレゼンス(Realpräsenz, 現臨)」。ルターによれば、聖餐のパンとブドウ酒はそのままリアルにキリストの体と血である(est)。A(パンとブドウ酒)であり同時にB(キリストの体と血)、これがキリストのリアルなプレゼンス（現臨）である。AでありB。AとBの交換的現実である。
この交換的現実を、ルターはシムル（simul，同時性）という言葉で表現した。それゆえルターの「人間論」は、「義人にして同時に罪人（simul iustus et peccator）」（『ローマ書講義』、『ガラテヤ大講解』など）。つまり、この神学的な交換的現実を論理的に表現すれば“simul”ということになる。ルターにおける「シムルの論理」である。
しかし、ここが肝心なところであるが、こうした交換的現実には前提がある。そしてその前提こそ、まさにアルキメデスの支点である。それは言うまでもなく、それこそが「神の秩序」とこの論考で述べてきた、そのことである。神の恩寵の絶対性、「恵みのみ」ということである。この「神の秩序（恵みのみ）」があってこそ、そこで初めて神と人間、つまり「信仰と神とは一体」たりうるのである。すなわち交換的現実、「シムルの論理」の成立の更に根底には、神の恵みの贈与という現実、「恵みのみ（sola gratia）」という「ソラ（sola）の論理」がある。したがってルターを「交換の神学者」と呼ぶわけにはいかない。神の恵みの無償無条件の一方的贈与、これこそが聖書がその歴史物語の中で「イエス・キリストの十字架」として指し示していることなのであり、結局ルターが語りたいことも、この一点につきる。神の恵みの一方的贈与。つまりルターこそまさに「贈与の神学者」と言えよう。[32]
しかし、一言で贈与といっても、もう少し精査が必要だ。[33] ここでは贈与を二つに分けて考えてみたい。「交換的贈与」と「純粋贈与」である。交換的贈与とは、互酬と呼ばれるもので、確かに贈与ではあるが、必ず返礼が伴うものである。人間の世界では贈与といっても結局は、この交換的贈与である。そして、ある意味でそれが人間の思惟の限界なのだが、人の常として人間世界との類推（アナロジー）で、神と人間の関係を考えるわけだから、神による恵みの贈与といっても、この交換的贈与が考えられてしまう。つまり神の恵みとそれへの返礼としての人間の信仰や善行である。ルターはまさにこれを「行為義認」として退けたのである。

他方、純粋贈与はそうではない。純粋な贈与、絶対の贈与、一切返礼なしである。条件は何もない。一方的な無条件の贈与である。聖書的に言えば、イエス・キリストの十字架による、ただ一方的無条件の人類の救済ということになる。神の恵みの贈与のみ。純粋なる贈与、そしてこれがつまり「愛（アガペー）」である。神の愛、すなわち純粋な贈与。返礼としての信仰とか善行は無用。ただ受動的にうけとめるのみ、そしてこれがルターのいう「信仰」である。神の恵み（恩寵）によってのみ義とされ救われるのである（恩寵義認）。

ルターが「贈与の神学者」というのは、この神の純粋贈与の意味においてである。ルターにおいては前述したように交換的言説も、その内実は、神の純粋贈与とその受容という交換であって、言うなれば非対称的交換であり、要するに神の純粋贈与を意味しているのである。またルターの論理として、

「シムル（simul）の論理」と「ソラ（sola）の論理」と言っても、それは交換と贈与になぞらえて言えば、神の純粋贈与（sola gratia）から、つまり「ソラの論理」から考えられなければならない。「sola の展開としての simul、これがルター神学の深層構造である」[34]。結論。「神をもつ」と一見、フォイエルバッハ的な表現を使うルターではあるが、しかしその内実は、神の純粋贈与（愛）に基づく恩寵義認である。すなわち、ルターは「贈与の神学者」である。

注

（1）Martin Luther, Der große Katechismus, in: Die Bekenntnisschriften der evangelisch-lutherischen Kirche, Göttingen, 1986, S.560.（邦訳「大教理問答」、『ルーテル教会信条集《一致信条書》』信条集専門委員会訳、聖文舎、一九八二年、五三七—五三八頁）。

（2）"Du nu Dein Herz hangest und verlässenst, das ist eigentlich Dein Gott," Der große Katechismus, a.a.O., S.560.

（3）河上睦子「宗教批判の両義性―一八四〇年代前半（とくにルター論）を中心にして」柴田・河上・石塚編『神の再読・自然の再読―いまなぜフォイエルバッハか』理想社、一九九五年参照。

（4）マルクス「シュトラウスとフォイエルバッハとの審判者としてのルッター」城塚登訳、『マルクス・エンゲルス全集』第一巻所収、大月書店、一九五九年。

（5）H・H・ブラントホルスト『ルターの継承と市民的解放―フォイエルバッハとドイツ三月革命前期の研究』桑山政道訳、新地書房、一九九一年、二一七頁参照。

（6）Ludwig Feuerbach, Das Wesen des Glaubens im Sinne Luthers, in: Sämtliche Werke (Neu herausgegeben von W. Bolin u. F. Jodl), Bd.7, S.325f.（邦訳は船山信一訳『フォイエルバッハ全集』第一五巻、福村出版、一九七四年、一二六頁以下。ただし訳文一部変更。〔　〕内の言葉及び傍点は引用者）。

（7）ゲルハルト・エーベリンクも、『大教理問答書』のルターの言葉「神をもつ」と、フォイエルバッハとの関連に言及している。Gerhard Ebeling, Was heißt ein Gott haben oder was is Gott?, in: Wort und Glaube II, J. C. B. Mohr, 1969. またマルティン・ヴェンテも『大教理問答書』を論じる中でルターとフォイエルバッハの関連に言及している。ヴェンテ「マルティン・ルター『大教理問答』」R・A・クライン他編『キリスト教神学の主要著作―オリゲネスからモルトマンまで』佐々木勝彦他訳、教文館、二〇一三年、とくに一一三頁。

（8）Ludwig Feuerbach, a.a.O., S.367f.（邦訳、前掲、一八四頁以下）。

(9) Martin Luther, Der große katechismus, a.a.O., S.560.（邦訳、五三七―五三八頁）。

(10) Martin Luther, Der große katechismus, a.a.O., S.561-562.（邦訳、五三八―五三九頁、ただし〔　〕内引用者）。

(11) Martin Luther, Der große katechismus, a.a.O., S.563.（邦訳、五三九―五四〇頁）。

(12) Martin Luther, Der große katechismus, a.a.O., S.564.（邦訳、五四〇頁、ただし〔　〕内引用者）。

(13) Martin Luther, Der große katechismus, a.a.O., S.560.（邦訳、五三八頁）。

(14) Martin Luther, Der große katechismus, a.a.O., S.560.（邦訳、五三八頁）。

(15) Martin Luther, Der große katechismus, a.a.O., S.568.（邦訳、五四三―五四四頁）。

(16) Martin Luther, Der große katechismus, a.a.O., S.560.（邦訳、五三八頁、訳一部変更）。

(17) Martin Luther, Der große katechismus, a.a.O., S.560.（邦訳、五三七頁）。

(18) Martin Luther, Der große katechismus, a.a.O., S.565.（邦訳、五四二頁、訳一部変更）。

(19) Martin Luther, Der große katechismus, a.a.O., S.572.（邦訳、五四六頁）。

(20) Martin Luther, Der große katechismus, a.a.O., S.560.（邦訳、五三七―五三八頁）。

(21) Martin Luther, Der große katechismus, a.a.O., S.566.（邦訳、五四二頁）。

(22) 注（20）と同じ。

(23) Martin Luther, Das Magnificat, in: WA 7, 550.（邦訳『ルター著作集』第一集四巻、聖文舎、一九八四年、一六六頁）。

(24) Martin Luther, Vorrede zu Romerbrief von Paulus, in: WA DB 7, 2-.（邦訳『ルター著作選集』教文館、二〇〇五年、三六六頁）。
(25) 徳善義和『キリスト者の自由　全訳と吟味—自由と愛に生きる』新地書房、一九八五年、九九頁（なお現在は、『キリスト者の自由—訳と注解』教文館）、竹原創一「ルターにおける「信仰」の意味—能動・受動の関係」『キリスト教学』55号、立教大学キリスト教学会、二〇一四年参照。
(26) 竹原創一、前掲論文、一五頁以下参照。
(27) 西田幾多郎「弁証法的一般者としての世界」『論理と生命他四篇』岩波文庫、一九八八年、一六八—一六九頁。
(28) 親鸞もまた「如来よりたまはりたる信心」という。絶対他力の思想である。
(29) 内村鑑三「羅馬書の研究」『内村鑑三全集』二六巻、岩波書店。
(30) 中動態については、ハイデガー（『存在と時間』）がそれこそが「現象学」の方法であると定義して以来、とりわけ注目されているが、近年、精神病理学・哲学者の木村敏らによって考察が深められつつある（本書三章の注（7）参照）。なお内村鑑三は中動態は日本語の文法にないと言うが、それは文法として概念化されていないだけで、事実上は、むしろ日本語には中動態がごく自然にある（例えば、「見る」（能動態）や「見られる」（受動態）でなく、日本語では「見える」を多用する。これが中動態である）。更に國分功一郎『中動態の世界—意志と責任の考古学』（医学書院）が二〇一七年に出版された。浩瀚かつ熟慮に満ちた研究書である、必読。ただし宗教・信仰をめぐる問題は主題化されていない。

（31）Martin Luther, Von der Freiheit eines Christenmenchen, in: Martin Luther, Studienausgabe, Bd.2, S.277.（邦訳『ルター著作選集』、前掲、二七七頁、ただし訳一部変更）。

（32）事実、従来からもしばしばルター神学は「神の自己贈与の神学」とも言われている。マルティン・ヴェンテもルター（『大教理問答書』）の使徒信条解説に関わって、「三位一体的な神の自己贈与」と言及している（「マルティン・ルター『大教理問答』」、注（7）の前掲書、一二〇頁）。

（33）近年、「贈与と交換」をめぐって多くの貴重な思索が蓄積されつつある。出発点は、もちろんモース『贈与論』であるが、ジャック・デリダ、エマニュエル・レヴィナス、ジャン＝リュック・マリオンら現代フランスの思想家たち、日本では今村仁司（『社会性の哲学』）、柄谷行人（『世界史の構造』）、中沢新一（『カイエ・ソバージュ』）などなど。

（34）拙稿「Sola と Simul—ルター神学の深層構造」『東京女子大学紀要論集』第五八巻二号、二〇〇八年参照。

三章　「恩寵義認」信仰論

一　いわゆる信仰義認（の受けとめ方）への疑問

1　信仰義認

信仰義認論。もう何度も何度も聞いてきた。人は信仰によって罪ゆるされ義とされる、つまり救われる。しかし、この表現は実はやや曖昧である。より正確に言えば、こうなる。メランヒトンが起草した『アウグスブルク信仰告白』第四条を引用する。「われわれは、恵みにより、キリストのゆえに、信仰を通して、罪の赦しを得、神の前に義とされる[1]」。

この信仰義認論には、当然、ルター的文脈がある。ルターが当時のカトリック教会の問題点として見出した、いわゆる「行為義認」（つまり、人が救われるのは神の恵みのみならず、その人の善行が必要であるという教え）に対して「信仰義認」と言われるのである。仏教の用語で言った方が分かりやすいので、それを借用すれば、人間の善行などという「自力」でなく、神から一方的にいただく「他力」によって、つまり神の恵みによって人は義とされ救われる、というのが信仰義認論である。自力でなく、他力ということである。

2　誤解

ところが、信仰義認という言葉が、人は「信仰によって」義とされ救われる、更に強調されて、人は「信仰のみによって」義とされ救われる、と慣用句的に使用されているうちに、微妙な、しかし重大な誤解が定着したようである。どういうことか。

その人が義とされる（救われる）のは、その人の信仰のある・なし、その信仰の熱意の量的質的な強さ・大きさが、更に言えば洗礼を受けているかどうかが、その人の救済の決め手のごとく理解（実は誤解）されているのである。その人が、神の存在を認め、神の守り支えに対して熱い信念をもっていること、つまりその人の「信仰」によって、救われるかどうかが決定するというのである。しかし、これでは結局、その人が救われるかどうかは、その人の、あえて言えば「信仰力」によって決するわけで、まさに「自力」であり、つまるところ「行為義認」と同じことである。

信じる力であれ、その信仰に基づいた善行であれ、とにかく人間の力（自力）では人は救われない。

人は神の力（恵み、絶対他力）によってのみ救われるというのが、信仰義認論の本意であるとすれば、上述の理解の仕方は、ルターの意図の一八〇度、逆である。いささか結論を急いだが、以下、もう少していねいに考えていこう。

二　恩寵義認──「信仰義認論」の本意

1　パウロとルター

信仰義認の教えは、もちろんルターの独創ではない。聖書の教え、わけてもパウロから、ルターが学び、ここにこそキリスト教の核心があると強調した教えである。

パウロについて、信仰義認に関連してしばしば取り上げられるのは次のような箇所である（日本聖書協会「新共同訳」）。「今や……神の義が示されました。すなわち、イエス・キリストを信じることにより、信じる者すべてに与えられる神の義です。……人は皆、罪を犯して神の栄光を受けられなくなっていますが、ただキリスト・イエスの贖いの業を通して、神の恵みにより無償で義とされるのです」（ローマ三21―24）。「聖書には何と書いてありますか。『アブラハムは神を信じた。それが、彼の義と認められた』とあります。……不信心な者を義とされる方を信じる人は、働きがなくても、その信仰が義と認められます」（ローマ四3―5）。「……人は律法の実行ではなく、ただイエス・キリストへの信仰によって義とされると知って、わたしたちもキリスト・イエスを信じました。これは、律法の実行ではなく、キリストへの信仰によって義としていただくためでした」（ガラテヤ二16―17）。なお、これらのパウロの言葉をどのように解釈するかについては当然、様々な議論がある。ガラテヤの信徒への手紙二章一六節については、後述する。

さて、かかる義認の教えについて、ルターは「この信仰箇条と共に教会は立ちもし、倒れもする」（WA 40 III, 352）と語った。いやそれは、ひとりルター派のみならず、要するに全てのプロテスタントにとって、聖書の権威と並んで二大原理の一つ（A・トヴェステン）となっているのである。

2 「信仰によって」

人は信仰によって義と認められる、これが信仰義認の教えであると言われるが、ここで（日本語表現として）問題になるのが、「信仰によって」の「〜によって」という表現である。ドイツ語では、信仰義認は "die Rechtfertigung durch den Glauben" であるが、"durch" は、「〜を通して」の意。つまり「信仰を通しての義認」ということである。あるいは英語では、"justification by faith" であり、"by" も「〜通して」であり（つまり "through" と同じ）、やはり「信仰を通しての義認」である。

ところが日本語で「信仰によって義とされる」と言ってしまうと、この「〜によって」は、多くの場合、原因を表わす「〜に因《よ》って」となり、どうしても人の信仰が原因となって義認が生じるという語感が伴うこととなる。しかし、原因―手段―結果という少し単純化した言い方をすれば、「信仰によって義とされる」という場合、この「〜によって」は原因の「よって」でなく、「手段」の「よって」であり、つまり「〜を経由して、〜を通して」の意と解すべきなのである。ところが、ほとんどの場合、どうしても原因の「よって」と解されて、信仰が原因となって義とされると理解（実は誤解）されている。しかし、人が義とされる原因は、人の信仰という名の自力でなく、神の恵みという（絶対）他力なのである。

3　「信仰のみ（sola fide)」

さらに話をややこしくさせているのが、ルターの専売特許である「信仰のみ（sola fide)」という言葉である。ルターは、ロマ書三章二八節の「人が義とされるのは律法の行いによるのでなく、信仰による……」という文章の「信仰による」を、ドイツ語に翻訳するに際して、ギリシア語原文にない「〜のみ（allein)」というドイツ語をわざわざ挿入して、「信仰のみによる」と訳した。その理由は聖書が語るその神学的核心を鮮明にするためと、ドイツ語の文章としての自然さを保つためであった。ともあれルターは人々から「～のみ主義者」と呼ばれることを喜びさえした（『ガラテヤ大講解』二章一六節の注解）。

こうしたわけで、ルターといえば「信仰のみ」、「信仰のみ」といえばルターという具合に、「信仰のみ（sola fide）」という言葉が一人歩きし、なにはなくても、とにもかくにも信仰が一番大事というふうに単純に受けとめられ、やがて人が義とされる原因は「信仰のみ」による、という具合に通俗的な誤解が蔓延することともなった。

しかし、ルターが「信仰のみ」と主張したのは、その前提（文脈）があるわけで、それはルターが論争の相手とした当時のカトリックの主張である、人が救われるのは「信仰と善行」であるという「行為義認」の考えに対して、それに対抗するために「信仰のみ（sola fide）」と力説したのである。しかし、人が救われる原因は信仰ではない、ましてや「信仰のみ」ということではない。人が救われる原因は、神の「恵みのみ（sola gratia）」なのである。

4　恩寵義認

いわゆる信仰義認の本意はどこにあるのか。もう一度、虚心坦懐に考えてみよう。人が神によって義と認められ救われるのは神の力（恵み、絶対他力）による。人の力（自力）ではない。人の信仰力でもなければ、善行力でもない。ただ神の「恵みのみ（sola gratia）」による。その神の恵みを、人は善行を積み重ねることによって獲得するのでなく、その恵みを神への信仰（信頼と感謝）をもって受けとめ受け入れるのである（信仰のみ）。この意味で人は信仰を通して（によって）義とされるのである。原因—手段—結果という言い方をすれば、「神の恵み」が原因であり、「信仰」はいわば手段、そして「義認（救済）」がその結果なのである。

そこで一つの提案。「信仰義認」と言う表現は、上述のようなわけで誤解を生じやすい。神の恵み（恩寵）によって人は義と認められるのであるから、むしろ、単刀直入に「恩寵義認」という表現の方がよいのではなかろうか。

三　キリストのピスティス(2)

1　キリストのピスティス（信）

信仰義認論（私の言葉でいえば恩寵義認論）の聖書的根拠として、しばしば挙げられる箇所は、先にも指摘したとおり、パウロのロマ書三章二二節やガラテヤ書二章一六節であるが、そこで鍵となる言葉は、「キリストのピスティス（pistis Christou）」である。こう記されている。「イエス・キリストのピスティスにより、信じる者すべてに与えられる神の義」（ロマ三22）、「ただ、イエス・キリストのピスティスによって義とされる」（ガラテヤ二16）。この「キリストのピスティス」を日本聖書協会「新共同訳」では、「キリストへの信仰」と解釈し、そのように訳している。

しかし、この「キリストのピスティス」に関しては、次の二点について解釈上、深刻な論争がある。第一に、「キリストのピスティス」の、この「の」をどのように解釈するのか。第二に、「ピスティス」の意味についてである。

まず第一に、「の」の問題。この「の」を主格的属格と把えれば「キリストの（神への）ピスティス」となり、ギリシア語としては最も正解。しかし異論もある。この「の」を目的格的属格と解し「キリストへのピスティス」と考える。多くはそのように解釈されている（「新共同訳」もそうである）。

次に「ピスティス」の意味。ギリシア語の「ピスティス」（ラテン語の“fides”も、ほぼ同じ）は、元来、「まこと（誠実＝真実）」という意味であり、「信仰」では意味がずれる。そこでK・バルトは、この「ピスティス」を「Glaube（信仰）」でなく、「Treue（誠実）」とドイツ語訳している（このバルトのドイツ語訳Treueを、日本語に訳す場合、多くは「信実」と訳している。しかし「信実」とは聞き慣れない日本語であり、「広辞苑」では「正直」という意味になっている。つまり「キリストの正直」ということになる。これでは意味不明）。

さて、では「キリストのピスティス」を、どう解釈すべきか。率直に考えて、「キリストの信」とすべきであろう（つまり「キリストへの信（仰）」ではない）。この場合の「信」とは、誠実さ（真実さ）に裏打ちされた信念・信頼・信仰を含んだ「信」である。そうであるとすれば、「ただイエス・キリストのピスティスによって義とされる」（ガラ二16）の意味は、われわれ人間は「キリストの〔神への誠実な〕信」によって義とされる（救われる）、ということであり、多くの場合解釈されてきたように、人間は「キリストへの信仰」によって義とされる、ということではない。

一体、ここで何が問題になっているのか。それは人間のキリスト（神）への信仰の前にすでに「キリストの信」があり、それによって人間は救われているということ、つまりわれわれ人間にとって「キリストの信」そのものがいわば神の一方的な「恵み」であって、その恵みによって人は義とされるということなのである。そして人間にできることは、かかる（この場合は）「キリストの信」というかたちで一方的に贈与された神の恵みを受け入れること（これが、人間の信仰）のみなのである。つまり、これがまさに「恩寵義認」である。人は神の恩寵によって義とされ救われる。そして、そのことをわれわれ人間は信じる。つまり「恩寵義認」信仰なのである。

二点、書き添えておきたい。滝沢克己の、神と人との根源的関係である「インマヌエルの原点（神、われらと共にあり）」とは、この神の一方的な恵み（恩寵）のことである。第二点、佐藤研は、上記の

「キリストのピスティス」を検討して、パウロの中に「信仰義認」などない、あるのはその逆の「義認信仰」であると主張している。[3] 言いえて妙である。

2　ルターの解釈

さて、そこで問われるべきは、ルターである。ルターは「キリストのピスティス」をどのようにドイツ語訳したのか。Glaube an Christum（キリストへの信仰）と訳している。しかし「キリストのピスティス」は前述したように、「キリストの信」であって、「キリストへの信仰」ではない。ルターはギリシア語をドイツ語に翻訳したとき、誤訳をしたのであろうか。

この問題に関して竹原創一（「ルターにおける「信仰」の意味[4]」）が、きわめて的確な指摘をしている。竹原によれば、ルターは「信仰」について論じる際には、常にギリシア語・ラテン語のみならず、ヘブライ語の発想を考慮しつつ（『奴隷意志論』を見よ）、考えた。すると、そこには信（仰）における神と人との「相互性」が浮かび上がるという。ギリシア語・ラテン語的にいうと「キリストのピスティス」は、「キリストの信」だが、ヘブライ語的にいうと人の「キリストへの信仰」となる。そこでルターは「キリストのピスティス」をGlaube an Christum（キリストへの信仰）と翻訳したのである。そこでそういうわけで、竹原は次のように結論づける。ルターは信仰を考える場合、まず「キリストの信」

を前提とした上で、その「キリストの信」への人間の側からの、いわば二義的な応答として「キリストへの信仰」を考えていた。そこで「キリストのピスティス」を「キリストへの信仰」とドイツ語訳した。つまり、ルターは信仰における、神と人間との相互性を考えていたのである、と。妥当な結論だと思う。(5)

「信仰」という場合、従来ほぼすべて判で押したように、人から神（キリスト）への信仰を考えるのであるが、それはあまりに安易である（「新共同訳」、「岩波版訳」等）。むしろ、神から人への方向、つまり神の側の人間への「信（誠実なる信念）」がまずある（それが神の意志・御心であり、つまり恩寵である）。「神の信」がまずあって、しかる後にそれへの応答として「人間の信仰」が成り立つのである。

四　ソラとシムル

1　受動的能動性の信

信仰とは、二重性をおびている。それは前述のように、まず「神の信」、つまり「神の誠実な（人間を救うという）信念」、そして次にその「神の信」への応答としての「人間の信」、つまり「人の誠実な（神への）信仰」である。「神の信」と「人間の信仰」。これがルターの信仰観である。別の言い方をすれば、人が義とされ救われるのは、確かに人の「信仰」を通じてであるが（「信仰のみ」）、その人のその信仰すら、そもそも神からの賜物なのである。

ルターの『ロマ書序文』には、このことが次のように鮮明に説明されている。まず第一に「信仰とは、我々のうちにおける神の働きである」、つまり神の賜物。そして第二に「信仰とは、〔そうした〕神の恵みに対する〔われわれ人間の〕生きた大胆な〔神への〕信頼である」。つまり、いわゆるわれわれ人間の信仰である。ちなみにP・ティリッヒは、このことを「受容の受容（accept acceptance）」と表現した。神がまずわれわれ人間を受け容れ（恵み）、そしてその受け容れられたことを次にわれわれ人間が受け容れるのである。これが信仰である。

再度、整理する。まず神の働き（恵み）、そしてその働きを受け容れること。この受け容れ（自覚と感謝）が、人の信仰である。つまり、「恵み」と「信仰」とは、言うなればメダルの裏表なのである。と言うことは、人間の信仰とはその原型を探れば、受け容れること、つまり受動性である。それゆえ、ルターが「塔の体験（宗教改革的転回）」でパウロから再発見したと言われる「神の義」も受動的に受け容れるものとしての「神の義」、すなわち「受動的な神の義」（iustitia dei passiva）」なのである。まさに「喜ばしき受動性（ein frolich leyden）」（『マグニフィカート』）である。

しかし、かかる信仰の受動性は、そこで完結するわけではない。その受動性は能動性へと展開していく。なぜか。それは人間という存在が、「神の前（coram Deo）」で生きるのみならず、「人々の前（coram hominibus）」で生きるからである。「神の前」、そして「人々の前」、これが人間存在の絶対条件である。そして「神の前」で受動的なる存在である人間は、「人々の前」で能動的に生きていく。

『キリスト者の自由』冒頭の二つの基本的テーゼが、そのことを示している。「キリスト者とは、すべての者の上に立つ自由な君主である」、「キリスト者とは、すべての者の下で奉仕する僕である」（WA 7, 21）。「神の前」に立つ者としての人間（内的人間）は受動的に神によって受け容れられ義とされ救われたがゆえに「自由な君主」であり、「人々の前」に立つ者としての人間（外的人間）は、義とされ救われたがゆえに他の人々に対し能動的に愛の業に励むことのできる「奉仕する僕」なのである。信仰の受動性が、人々の間では愛の働きの能動性となって展開していくのである。

と言うわけで、ルターの信仰論を一言でまとめれば、「受動的能動性の信」ということになる。

2　ソラとシムル（sola と simul）

ルター的信仰とは「受動的能動性の信」であるが、それは信仰の受動性が愛の業の能動性となって展開していくということであった。言うなれば、信仰即善行、受動即能動である。

そこで「即」が問題となる。もちろん「即は」仏教用語であるが、元々はサンスクリット語のeva

に由来し、非同一だが実は同一、同一だが実は非同一という事態を表わしている。「色即是空、空即是色」（『般若心経』）である。この「即」の構造を、ルターを通して更に考えてみたい。

ルターの信仰義認論（実は恩寵義認論）を考えてみる。恩寵義認とは、神の「恵みのみ（sola gratia）」によって、人の「信仰のみ（sola fide）」を通して、義とされ救われることである。ここに貫かれているのは、「ソラ（sola, 唯一性）」の論理である。さて、そのようにして義とされた人間とは何者か。ルターは言う、「義人にして同時に罪人（simul iustus et peccator）」。人間の努力（自力）ならば三〇%の義人、八〇%の義人という言い方もあるだろうが、神の恵み（絶対他力）ゆえに一〇〇%の罪人が一〇〇%の義人となるのである。これが救いである。しかも人間としては一〇〇%罪人であり、しかし神の恵みゆえに一〇〇%義人なのである。この「義人にして同時に罪人」の論理、これが「シムル（simul, 同時性）」の論理である。

この「義人にして同時に罪人／罪人にして同時に義人」の「同時に（simul）」が、まずは「即」である。つまり義人即罪人。しかしルターの場合、この「義人にして同時に罪人」の同時性（simul）が成り立つためには、その前提として「恵みのみ（sola gratia）」の唯一性（sola）がある。つまり、「恵みのみ」の展開として「罪人にして同時に義人」が成り立つ。すなわち、あくまでソラ（sola）の展開としてシムル（simul）ということになる。したがって「即」の構造を、その深層までたどっていけば、そこには「ソラとシムルの論理」が見い出されるのである。

滝沢克己は、神と人間との関係をインマヌエル（神、われらと共にあり）と把え、神即人・人即神と言うが、その「即」を厳密に言い表わすことに成功した。それは神と人との「即」の関係を「不可分・不可同・不可逆」と定式化したのである。ルター的に言えば、「不可分・不可同」がシムル（同時性）であり、「不可逆」がソラ（唯一性）ということになる。神と人とは不可分・不可同のインマヌエルの関係だが、しかし、あくまで神の恵みのみという、神と人との不可逆性がその関係構造を支えているのである。

さて論点をまとめてみれば、ルターの場合、恩寵義認論も信仰論も、ソラとシムルの論理が、つまりsolaの展開としてのsimulの論理がその深層にある。いや実は、それに限らず、このソラとシムルの論理こそが、全ルター神学の深層構造と言えるのである。(6)

五　中動性と「内なるキリスト」

1　中動性

「受動的能動性の信」について更に考えてみる。「中動態」という文法用語を援用して考えてみる。

印欧語族には三つの態があると言われる。能動態（active voice）、受動態（passive voice）、そして中動態（middle voice）である。例をだせば、「見る」は能動態、「見られる」は受動態。そしてもう一つある、「見える」。これが中動態である。ふつう日本語は、文法的にはこの中動態がはっきりしないと言われている。

さて、内村鑑三（『羅馬書の研究』）がこんなことを言っている。

「……二つの動詞の態（voice）に就て注意すべき事がある、人の普通知る所は能動態（active voice）と受動態（passive voice）である、日本文法には態は此の二つのみしかない、能動態とは働きかけである、……受動態とは受け身である……甲は全然自力、乙は全然他力である、……然るにギリシャ語その他の国語に中態（middle voice）といふものがある、之は他力と自力の結合を示す態である、……。……基督教道徳を自力本位にのみ解する勿れ、然るときは堪へ難き重荷となる、又恩恵を楽むのあまり全然他力となる勿れ、かくては緩怠弛廃の空気いと濃きを加へるであろう、宜しく自己の努力を神の力との一致融合の上に之を建つべきである、……」（岩波版『内村鑑三全集』26巻）。

　ここで内村が「基督教道徳」と言っているところを、「信仰」と置きかえて読むことができる。すると、ここで内村は中動態としての信仰ということを語っていることとなる。自力（能動）ではない、はたまた他力（受動）でもない、信仰とは中動態だ、ということである。

　ところで精神病理学・哲学者である木村敏が近年、この中動態について深い思索をしている。[7] 木村によれば、印欧語族に、能動・受動・中動が文法的にはっきりしているのは、主体・客体がはっきりしているからであるが、日本語に中動態がないようにみえるのは、むしろ逆に日本語は、そもそも始めから中動態的であるゆえ文法上はっきり明示しないのだ、という。たとえば日本語では、ごく普通に「見える」、「聞える」という。これは能動態でも受動態でもない、中動態である。では、なぜそうなるのか。

　木村は次のように指摘している。印欧語では主体・客体がはっきりしている（「私は、山を、見る」）。しかし、日本語はそうなっていない。おうおうにして主体が場所になっている（「私に、山が、見える」）。「私」が主体でなく、場所になる（「私に」！）。西田幾多郎は「場所的自己」と言ったが、これが中動態である。

　さて、こうしたことをふまえて、もう一度、信仰について考えてみよう。内村に示唆されて、信仰を中動性の出来事と考えてみると、どうなるか。「私が、神を、信じる」（能動）のではない。またもちろん私は神ではないので「私が、信じられる」（受動）のでもない。そうではなくて、「私に、神が、信じられる」（中動）のである。人間が主体（主語）の位置を占めるところの能動態でなく、むしろ神が主体となり、人間はその動詞の示す過程において、いわば「場所」になる。すなわち「私に神が信じられる」、つまりここで私が言わば「場所」になっている。その場所に、神の恵み（キリスト）が贈与され、それゆえに、私は神を信じられるのである。つまり信仰という出来事全体が中動性をベースに生起しているのである。再度くり返して言えば、「場所的自己」たる私に、キリストが贈与される（神の恵み）がゆえに、そのことを私は「信じられる」（中動態）のである。更に言えば、私という場所に、キリストが与えられ入ってくる、それゆえパウロは、「生きているのは、もはやわたしではありません。キリストがわたしの内に生きておられるのです」（ガラテヤ二20）と語ったのである。

政治哲学者のM・サンデルが次のようなことを言っている。「信仰とは、選ぶものでなく、襲われるものである」（『民主主義の不満』）。つまり、信仰とは何か能動的に私が選び信じるというようなことではなく、言うなれば神の方から私に迫ってくる、もっと強く言えば襲ってくるようなもので、そうであるから、私に「信じられる」ものなのである。すなわち信仰とは中動性の出来事なのである。

「信仰」という事柄ではないので余談的なことかもしれないが、中動性の出来事としての芸術活動の事例をだしておこう。中動性としての信仰ということを理解する一助になるかもしれない。小林秀雄のモーツァルト体験と、ミケランジェロの制作をめぐる一つの伝説。若き日の小林秀雄、彼はこう書いている。「もう二十年も昔のこと……僕の乱脈な放浪時代のある冬の夜、大阪の道頓堀をうろついていた時、突然、〔モーツァルトの〕このト短調シンフォニーの有名なテエマが頭の中で鳴ったのである」（『モーツァルト』）。……つまり、モーツァルトを聴く（能動性）というよりも、道頓堀で突如、このト短調シンフォニーが聴えてきたのである。これは中動性である。もう一つはミケランジェロの伝説的な言葉、「大理石の塊のなかに、聖母は隠されている、私はそれを彫り出すだけである」。この言葉を下敷きにして夏目漱石も『夢十夜』の中で運慶について語っているが、このミケランジェロの場合も、ミケランジェロが聖母像を彫り出す（能動性）というよりも、すでに大理石の中に存在している聖母が、彼に見えたのである。だから彼はそれを彫り出した。中動性である。

同様に、信仰とは、私が神（キリスト）を信じるのではなく、そうではなくて、私に神（キリスト）が信じられるという中動性の出来事なのである。

2　内なるキリスト

「受動的能動性の信」を更に、上述のごとく「中動性の信」として追究した。どういうことか。私（人間）がいて神がいる、そしてその私が神を信じるというよりも、むしろ私が「場所的自己」、つまり「場所」となって、その場所に神（キリスト）が与えられる。イメージ的に言えば、キリストがその場所に入ってくる。この信仰の出来事ゆえ、先ほども指摘した通り、パウロはガラテヤ書二章二〇節で次のように言うのである。「生きているのは、もはやわたしではありません。キリストがわたしの内に生きておられるのです」。わが内なるキリストである。

ルターもまた『キリスト者の自由』の中で、「キリストが私のためになって下さったように、わたしもまた私の隣人に対して一人のキリストになろう」（WA 7, 35）と語っている。[8] 一人のキリストになる。それはパウロの言葉を使えば「キリストがわたしの内に生きている」からである。ルターは『キリスト者の自由』において、神の恵みにより義とされ救われ、それゆえ「自由な君主」となった人間は、他方、その自由を他者への愛の奉仕のために差し出す「奉仕する僕」でもある、と説いた。なぜ、そういうことができるか。それは、その人が「一人のキリスト」になったからである。「一人のキリスト」になる。これがつまるところ『キリスト者の自由』の結論であるが、ルター神学の用語を使えば、「キリストとの一致（conformitas Christi,「キリストとの同形」という訳語も可）」ということになる。

「一人のキリストになる」、「わが内なるキリスト」。いずれにせよ、こういう事態が、神の恵みによって義とされ救われるということ、つまり「恩寵義認」の内実である。そして、われわれ人間は、まさにこうした「恩寵義認」を信じるのである。つまり「恩寵義認」信仰である。

六　結論──「恩寵義認」を信じる

ヨハネ福音書の有名なプロローグ、「初めに言があった。……言は肉となって、わたしたちの間に宿られた」（一―1―14）。この言葉を次のように言い換えることも可能である。「初めに（神の）恩寵があった。……そして恩寵は、（人の）信仰となった」。

つまり、はじめに（人の）信仰があって、そしてその信仰が義認（救済）を生むのではない。逆である。信仰が義認を生むのでなく、神の人への義認（救済）が信仰を生むのである。人間は、あくまで神の恩寵による義認を、信じるのである。と言うことは、「信仰義認」という慣用的な言い方は、人間の信仰ゆえに義とされるという具合に誤解をまねきやすい。人間はあくまで神の恩寵ゆえに義とされるのであり、そしてそれを人は信じるのである。

そこで再度、提案。「恩寵義認」を信じる、と鮮明に言うべきではなかろうか。「恩寵義認」信仰論と題した由縁である。

注

（1）メランヒトン『アウグスブルク信仰告白』ルター研究所訳、リトン、二〇一五年、二四頁参照。なおドイツ語原文は次の通り。"… daß wir Vergebung der Sünde bekommen und vor Gott gerecht werden aus Gnade um Christi willen durch den Glauben, …"

（2）立山忠浩「義認の根拠としての「キリストを信じる信仰」？」『教会と宣教』一六号、JELC東教区宣教ビジョンセンター、二〇一〇年参照。

（3）佐藤研『旅のパウロ―その経験と運命』岩波書店、二〇一二年、二二四頁。

（4）竹原創一「ルターにおける「信仰」の意味―能動・受動の関係―」『キリスト教学』55号、立教大学キリスト教学会、二〇一四年。

（5）ルター（『奴隷意志論』）は次のように言う。「「キリストの信仰」(fides Christi) は、ラテン語ではキリストが持っておられる信仰という意味にとれる。しかし、ヘブル語では、「キリストの信仰」という言い方は、キリストに対していだかれる信仰、と解される」（『ルター著作集』第一集七巻、四四七頁）。

なお、「キリストのピスティス」に関する本論考の主旨は、新約学的にも、支持されると思う。原口尚彰（「イエス・キリストの信実か、イエス・キリストへの信仰か？―ロマ三・二二の釈義的考察」『日本の神学』五四号、日本基督教学会編、二〇一五年）は、次のように言う。「キリストの信実なる行為を通して神の約束が成就したことを信じることが信仰の本質であり、人間の信仰は神の信実とキリストの信実への応答である」（八八頁）。

（6）拙稿「Sola と Simul—ルター神学の深層構造」『東京女子大学紀要論集』第五八巻二号、二〇〇八年参照。

（7）木村敏『あいだと生命—臨床哲学論文集』創元社、二〇一四年など。本書二章の注（30）参照。

（8）「一人のキリストになる」については、拙稿「人間論としての『キリスト者の自由』」『ルター研究　別冊4号—宗教改革500周年とわたしたち4』ルター研究所、二〇一六年、二六頁、および三三頁の注（39）を参照。

四章　三つのＥ（エコロジー、エコノミー、エキュメニズム）

――フクシマ以後の、来たるべきエキュメニズム

一　来たるべきエキュメニズム

現代世界が抱えている大きな問題の一つ、それは〈分裂〉である。もちろん、いつの世もどんな領域にも分裂はある。しかし今日、宗教が抱えている分裂、これは誰の目にも解決を迫られている問いの一つである。二〇一七年に宗教改革五〇〇年を迎えた。五〇〇年前の、カトリック教会とプロテスタント諸教会の分裂。それゆえ宗教改革五〇〇年をめぐる課題の一つは、エキュメニズム（教会間再一致運動）の問題である。しかも、それは新しいエキュメニズム、来たるべきエキュメニズムであってほしい。その糸口を求めて考えてみる。

1　二つの記念碑的ステートメント

宗教改革五百年、この五百年をまたいで記念碑的な二つのステートメントがある。一つは、一五三〇年に発表された『アウグスブルク信仰告白』である。ルター派最初の信仰告白文書であるが、プロテスタント全体にとっても一つの旗印となった。もう一つは、二〇一三年に発表された『争いから交わりへ』である。副題は「二〇一七年に宗教改革を共同で記念するルーテル教会とカトリック教会」となっている。[1]

『アウグスブルク信仰告白』にはプロテスタントの主張が鮮明に表明されているが、もともとその意図するところはカトリック教会との一致点を模索したものであり、ことさらな相違点についてはふれていない。その意味で一種のエキュメニカル文書である。他方、『争いから交わりへ』は題名からもわかる通り、正真正銘のエキュメニカル文書である。宗教改革とルターについて、カトリック及びルター派が今日的視点に立って共同でありうることの、その真意を解釈した文書である。画期的と言ってよい。

もちろんこの二つの文書の両者ともども当然、問題点は残されている。『アウグスブルク信仰告白』は、一六世紀の文書ゆえ、ある意味「キリスト教会内」的である。教会外的な問題に対して、ルター(派)の視野はたいへん弱く、しかも歪んでいた(ユダヤ人問題、トルコ人問題、海外伝道など)。時代的限界であろう。

『争いから交わりへ』は、二一世紀の文書である。それゆえ、そういうルター的な狭さからは免れている。それどころか、こうした文書にはめずらしくその第一章を見れば、われわれが今どこに立っているのか、という現代世界の分析が正確に叙述されている。われわれは今どこに立っているのか。第一に、エキュメニカルな時代である。第二に、グローバルな時代である。そして第三に、世俗化とそれゆえの新しい宗教運動の時代である。つまり、『争いから交わりへ』の視座は、決して「教会内的」に閉ざされてはいない。とは言え、それでも第二章以下の叙述を読んでいけば、こうした文書の性格上、当然のこととはいえ、その内実はやはりまだまだ「教会内」的、「宗教内」的なものにとどまっている。

もちろん、私は無いものねだりをしているわけではない。そうではなくて、こうした二つの文書にみられる画期的成果を土台に、更にもう一歩も二歩も前進したいのである。

2　視座の拡大

今日的にみて、『アウグスブルク信仰告白』のポイントはどこにあるのか。私は二つの軸を設定したい。一つは第七条「教会とその一致について」である。もう一つは第十六条「国の秩序とこの世の支配について」である。ここでその内容の吟味はできないが、第七条には言うなれば「教会の定義」が書いてある。そして第十六条には、いわゆる「正しい戦争」についての論述がなされている。つまり、今日的に『アウグスブルク信仰告白』を読み直してゆこうと思えば、「教会内」的な事柄と、そして教会をも含む「世界」的な事柄とを、ともどもに読み取り考えてゆかねばならないということである。読み取り方に、視座の拡大が必要なのだ。

他方、『争いから交わりへ』はどうであろうか。先にふれたように、その内実はまだまだ「教会内」的なものに留まっているとはいえ、それでも現代世界への視点は持っている。ただ、それがなおも不十分だ、と思う。ところが、この『争いから交わりへ』の邦訳に寄せた「推薦の辞」で、立山忠浩（日本福音ルーテル教会総会議長、二〇一二―一七年）がきわめて示唆に富むことを書いている。以下、引用したい。

「本書は、争いの過去に決別し、交わりの未来へ歩みだす意思表明でもあるのです。国家間、民族間、宗教間などの対立や争いが益々激しさを増す今日にあって、「争いから交わりへ」という和解と平和の道を模索する神学的な試みは、ことさら大きな意義をもたらすに違いありません(2)」。

ここには、「教会内」の動きを、この「世界」のシンボルとして把えかえす、そうした大きな視点が暗示されている。ここが大事なのである。教会のこと、宗教のこと、そして心の問題を、つまり「信仰」の問題を、それに連結させて、今ここにこうして生きている全ての人の問題として、つまり「(現代)世界」の問題として考え抜いていくことが大切なのである。

私は何を言いたいのか。まとめてみよう。つまり、こういうことである。エキュメニズムの把え方が、従来なおも「教会内」的なものに留まっていた。つまり、教会間再一致運動（協力）に留まっている。エキュメニズムの視座をもっと拡大化（普遍化）しなければならない。つまり、他宗教との宗教間対話（協調）へ、いやいや、もっと視座を普遍化する必要がある。つまり、キリスト教や宗教という核となる軸を普遍化し、言うなれば人類的共生という視点をエキュメニズム概念に持ち込むこと、これである。教会間協力一致↓宗教間協調対話↓人類間共生平和。これこそが「来たるべきエキュメニズム」ではなかろうか。

もちろん、私はこうした「来たるべきエキュメニズム」が、今日的段階の具体的現実的テーマだ、と妄想的に言っているわけではない。そういう視座の拡大・普遍化が必要だと言っているのである。それゆえ、たとえば『争いから交わりへ』の第一章で「世俗化」の問題が、従来どおりのパターンで「教会離れ・宗教離れ」として分析され語られているが、もう一歩踏み込んで、近代科学技術の問題を含めて論述される必要がある。はっきり言えば、フクシマの問題こそが、その視野に入っている必要がある、と言いたいのである。

しかし、そのためにも、エキュメニズムの問題を、あえて逆にその語源に遡って考え直してみよう、と思う。

二　三つのE

三つのEについて考えてみたい。すなわちエコロジー（Ecology）、エコノミー（Economy）、そしてエキュメニズム（Ecumenism）の三つである。いずれもギリシア語のオイケオーに由来する。さて、これらの言葉はそもそもどういう意味なのか、そしてどういう関連があるのか（図1参照）。

1　オイケオー

オイケオー（οἰκέω）というギリシア語は、住む、宿る、共にいる、といった意味である。用例から浮かび上がってくるのは、単独で住むというより、共に住むというニュアンスである。オイケオーの「オイ（οἰ）」は、ホメロス以降、そのもともとの意味するところは「家」ということであった。(3) 新約聖書の中でオイケオーが

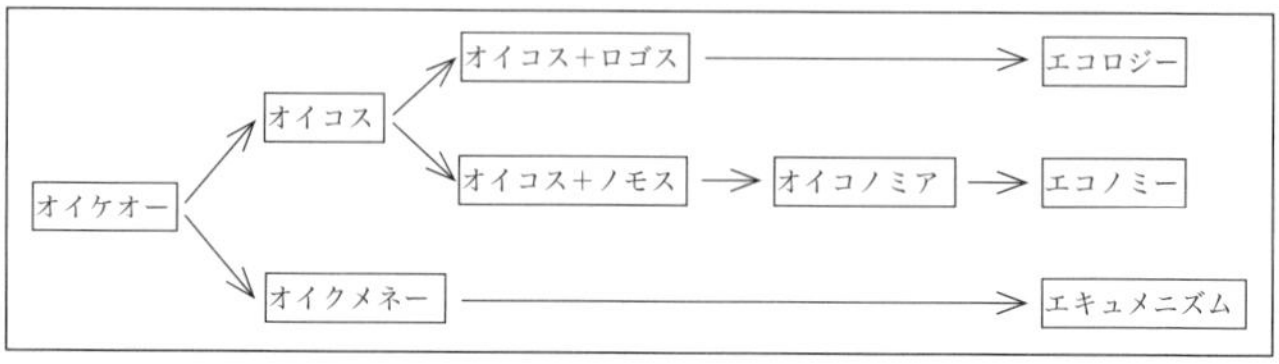

図1

どのように使われているのか。いくつか挙げておこう。「神の霊があなた方の内に宿っている……」（ロマ八9）、「……わたしの中に住んでいる罪……」（ロマ七20）、「……その妻が一緒に生活を続けたいと思っている……」（一コリ七12）、「〔神は〕……近寄り難い光の中に住まわれる方……」（一テモテ六16）。

さて、オイケオーから「オイコス（οἰκος）」という言葉が出てくる。「家」という意味である。「家」であるから具体的に言えば、第一に家族共同体のことであるし、第二に住居ということでもある。更により根本的に推敲すれば、住む場、更には生の場ということになる。したがって、このオイコスこそが「生の場」であるゆえ、まさに人間であることの根本条件と言える。つまり人間にはオイコスが必要であり、住むこと、それが生きるということである。

ところが、この地上に「住むことのできない場」が出現した。フクシマの帰還困難区域である。私は二〇一五年五月、国道六号線（陸前浜街道）を、竜田から福島第一原発附近まで自動車で通過した。なおも放射線量が高いので自動車から降りることは不可。もちろん原発附近は帰還困難区域である。自動車道の沿道には家屋も商店もスーパーマーケットも建っていたが、もちろんのこと人間は一人もいない。人が住めない場が出現したのである。もしその区域にお墓があるならば、人は防護服を着て墓参をしなければならない（『毎日新聞』二〇一三年八月一三日の写真参照）。生の場としてのオイコスから最も遠い場の出現である。

『毎日新聞』より転載

人間が生きるということ、それは別の言葉で言えば「住む」ということであった。ところがフクシマに人間の住むことのできない場が出現したのである。この非人間的な現実。しかし、そもそも人間が「住む」とは、どういうことなのだろうか。一体、人間はどこに住むのか。マルティン・ハイデガーは、人間を「世界―内―存在（In-der-Welt-Sein）」と把えた（『存在と時間』第12節）。どういうことなのだろうか。彼は一九五一年、ダルムシュタットで「建てる・住む・考える（Bauen Wohnen Denken）」という題で講演をしている[4]。この講演を通して、ハイデガーから「住む（Wohnen）」とはどういうことかを学んでみよう。

ハイデガーは次のように言う。「人間であるというのは、死すべき者としてこの地上に存在するということであり、そこに住む〔wohnen〕ということである[5]」。そして、「四方界（Geviert）」という独特の考え方を提起する。大地、大空、神なるもの、死すべき者（人間）という四者で構成されているのが「四方界」だが、人間はまさにそこに住む。すなわち「大地の上（auf der Erde）」、「大空の下（unter dem Himmel）」に、「神なるものの前（vor den Göttlichen）」で、「死すべき者と共に（mit den

Sterblichen)」住むのである。これが人間が住むということである。(6)

さて、こうしたハイデガーの思索を、どのように理解したらよいのか。「大地」が地球ということであれば（人間の領域）、「大空」は地球生態圏を超えた宇宙空間を意味しているのだろう。つまり、人間の領域以外の場である。しかし、いずれにせよ「大地」と「大空」は、自然ということなのである。

次に「神なるもの」。ハイデガーは die Göttlichen という言葉を使っている。die Göttlichen とは何か。ハイデガーの神思想は錯綜しており謎めいている。彼は一九六六年、死後公表という条件で雑誌のインタビューを受けた（一九七六年没）。いわゆる「シュピーゲル対談」である。その中でハイデガーは驚くべきことを語っている。「かろうじてただ神なるもの（ein Gott）だけがわれわれを救うことができる」(7)。彼はすでに一九三〇年代後半には書き上げ、一九八九年に初めて公刊された第二の主著と言われる『哲学への寄与論稿』の中で、「最後の神（der letzte Gott）」なるものについて語ったが、(8)恐らくそれはシュピーゲル対談でのein Gottと別のものではあるまい。(9)そこで私は、ハイデガーにおいて、die Göttlichen, ein Gott, der letzte Gott は言葉使いこそ違うが、結局は同じで、つまりは「神なるもの」を意味していると考える。もちろん、かかる「神なるもの」は、聖書の神（Gott）とそのまま同じではないが、(10)しかし「神のようなもの」でも「神的なもの」でもない。神なのである。とはいえ聖書が語る三位一体の神と直ちに置きかえることはできない。それゆえ「神なるもの」ということになるのだが、しかし、それはルターの語る「隠された神（Deus absconditus, der vorbogene Gott）」に通じる。つまり、ハイデガーのいう「神なるもの」とは、あえて言えばある意味、ルターのいう「隠された神」なのである。[11]

さて、最後に「死すべき者」。これはハイデガーが言明するとおり、人間のことである。そして「神なるもの」と「死すべきもの」、つまり「隠された神」と「人間」が織りなす世界、それがまさにこの世界ということであり、「大地」と「大空」、すなわち「自然」に対比して言えば、その織りなす営みには「文化」という言葉を当てはめることができるのである。つまり人間はこの世界に住むのだが、それはハイデガーのいう「四方界」、すなわち「大地」と「大空」、そして「神なるもの」と「人間」、すなわち自然と文化の中で生きるということである。

ところでハイデガーは、人間を「世界内存在（In-der-Welt-Sein）」と把えた。世界の内にある存在。そして人間が世界の内にあるこうした在り方を、ルターは「神の前（coram deo, vor Gott）」と言ったのではなかろうか。G・エーベリンクもルターにおける「コラム思想（coram – Denken）」の重要性を指摘し、「神の前（vor Gott）での人間の存在が、人間の世界内存在（In-der-Welt-Sein）を規定している」という。[12] ともあれルターに言わしめれば、人は「神の前」で生きるのである。たとえばルターは義認をめぐって次のように言う。「信仰がなければ、いかなる行いも神の前に人を義とすることはできない」[13]。そして、ルターは「神の前」、またハイデガーは人間を「世界内存在」というが、もちろん、この世界内では神は隠されている。「隠された神」である。つまり人間がこの世界内で出会うのは「隠された神」、すなわち聖書的に言えば十字架のイエス・キリストなのである。これがルターの「神の前」ということなのである。

まとめよう。ルターは「神の前（vor Gott）」という。ハイデガーも、人間が生きる（つまり住む）とは、「神なるものの前（vor den Göttlichen）」で住むことだという。そして「住む」とは世界内に住むことであるが、世界とは他でもなく人間が住む世界であって、神が人間と同じ在り方で住んでいるのではない。それゆえ、この世界内においてハイデガーの「神なるもの」も、そしてルターの「神」も、それは「隠された神」である他ない。つまり人間は、この世界で「隠された神」の前で生きるのである。オイケオー（住む）とは、どういうことか。答、それは「隠された神」の前で生きるということなのである。

2　エコロジー

さて、本論考では、オイケオーから派生した三つの言葉について考えてみたい。エコロジー、エコノミー、エキュメニズム、この三つである。まず、エコロジー。

エコロジー（Ecology）という言葉は、ドイツの生物哲学者エルンスト・ヘッケル（Ernst Haeckel, 1834-1919）の造語である。彼はこの言葉を次のように造った。まず先にみたようにオイケオーからオイコスが派生した。そこでヘッケルはそのオイコス（οἶκος）とロゴス（λόγος）を組み合わせる。そこにエコロジー（Oecologie, Ökologie, Ecology）という言葉が生まれる。オイコス（生の場）＋ロゴス（論理）であるから、エコロジーとは生の場の論理、つまり「生態の論理」ということである（日本語では「生態学」と訳されているが、やや意味がずれている）。

ところでヘッケルと言えば、あの驚くべき学説「生物発生原則」の提唱者である。「個体発生は、系統発生をくり返す」という生物発生の原則。もう少し正確に言えば、「動物が受精卵から成体に成長する〔個体発生〕までの形態の変化は、太古の地球に初めて生命が生まれてから現在の動物種になる〔系統発生〕までの形態の変化を繰り返す」ということである。[14] この原則は、今日様々な修正が必要であるにせよ、言うなれば全生物の根源的統一性を言い当てている。

こうした全生物の根源的統一性を（つまり「生物発生原則」を）、更に深め拡大し、生物以外のそれを取りまく水や空気や光や気温などなど、すべての環境をも含めて統一的に考えていくところに、「エコロジー」という言葉が生まれた。それはつまり、生物（いのち）を、他の生物や生物以外の環境との関係の中で、要するに全自然との関係の中で把えるということである。それゆえまさにエコロジーとは、オイコス（生の場・いのちの場）のロゴス（論理）、つまり「生態の論理」であり、更に包括的に言えば、全自然生態の根源的論理ということになる。

ところが今日、「エコロジーの危機」が叫ばれている。エコロジーとは全自然生態の根源的論理なのであるから、その危機はまさに二一世紀以降の世界の最大の問題となってくる。フクシマ問題とはその最先端の問題であるから、おおよそすべての問題はそこに帰着する。後述参照。

ところでこうした全自然生態の根源的論理、すなわちエコロジーを、神学的に把えかえせば、それは創世記の一章と二章に叙述されている、神が創造した世界（すなわち自然）の本源的なあり方ということになる。神が世界（全被造物）を造ったということは、つまりは全自然を造ったということである。それゆえ橋爪大三郎が「神が造ったそのまんま」、それが自然である、と言ったことは的を得ている。[15]神は自然を造ったのである。したがって自然（nature）とは「神の業」そのものということになる。それに対し、その神の業によって造られ（受動性）、しかもある種の力（能動性）を付与されつつ造られた人間（受動的能動性）のなす業、すなわち「人間の業」、これが文化（culture）なのである。つまり「神の業」たる自然（大地）を耕すこと（cultus）、これが「人間の業」たる文化なのである。二〇世紀の前半、ルター派の神学者たちは、こうした道筋を「創造の秩序（Schöpfungsordnung）」として考えようとしたが、それは十分には果たされていない。このことに関しては後に、もう一度ふれたい。

ともあれ、我々はエコロジーという言葉から何を受けとるべきか。エコロジーとは全自然生態の根源的論理であるが、その全自然とは神の創造の業である。人間がその大地（自然）を間違って耕し荒廃させなければ（罪の問題！）、本来、その自然は限りなく豊かですばらしいものである。したがって、エコロジーという言葉から響いてくる調べ、それは「神のすばらしき創造の世界」、これである。

3　エコノミー

エコノミー（Economy）も、オイケオーに由来する言葉である。オイケオー（住む）からオイコス（家、生の場）という言葉が出てくる。そしてオイコス（οἰκος）と法、秩序、そして統治、管理（の務め）をも意味するノモス（νόμος）が結びついて「オイコノミア（οἰκονομία）」という言葉が出てきた。このオイコノミアという語が、エコノミーとなるのである。エコノミーという言葉は今日ではもっぱら、いわゆる「経済」を意味するわけだが、しかし、このオイコノミア（エコノミー）には、もう少し複雑な意味がふくまれている。そこを見ていこう。

さて、オイコノミア（エコノミー）とは何か。[16]「オイコス」＋「ノモス」であるから、「家、生の場」の「法、秩序、統治、管理」ということになる。具体的にはオイコノミアは、次の二様の用いられ方をしてきた。第一に人による家や世界の秩序化、つまり管理という意味で用いられてきた。すなわちそれは「家政」を意味し、やがて「経済」という意味を帯びることとなる。第二に、神による世界の秩序化、つまり神の統治という意味で使われてきた。すなわち救済の摂理を意味する。つまり、オイコノミア（エコノミー）という言葉は一方で経済用語として、他方で神学用語として使われてきたのである。

繰り返せばオイコノミア（エコノミー）は、まず第一に人間による家や世界の管理、つまり家政そして経済という意味で使われてきたのである。ところで世界（この場合、ヨーロッパ世界）の流れを考えると、一六世紀ドイツの宗教改革によって広義の近代が始まり、一八世紀後半のイギリスの産業革命（及びフランスの市民革命）で狭義の、すなわち本格的な近代が始まる。そして一八世紀後半の産業化以前と以後で、社会の様相は激変するのである。そこで産業化以前を「家政的世界」、以後を「市場的世界」と呼んでおこう。

さて、まず「家政的世界」である。「家政（オイコノミア）」とは何か。家政とは、（奴隷や使用人を含む）ヒトやモノなど有用な所有物、つまり家財の管理ということであるが、紀元前五世紀、ソクラテスがすでに家政について様々に論じている。それを弟子のクセノフォンが『オイコノミコス』という書物にした(17)。そこでソクラテスは、結婚のことや家の中の整理整頓、化粧、使用人の監督、種まき等耕作についてなどなど、まさに家財の使用管理について論じている。

こうしたいわば日常生活の様々な事柄がオイコノミア（家政）ということだが、注意すべきはそれが社会の産業化以前と以後では様相を全く別にするという点である。というのも、歴史家オットー・ブルンナーが指摘するごとく産業化以前のヨーロッパ社会において「全き家（Das ganze Haus）」という理念が、その家政の軸をなしていたからである。[18]「全き家」とは産業化以前の農業中心の社会における家族形態で、使用人や奴隷や更には家畜をもその内に含む大家族のことである。農業生産を土台としているゆえ、「家計」と「経営」が未分化。また農業経営ばかりでなく、都市部の家内的手工業でも同じことで家計と経営は未分化であった。つまり、そういう社会において「家族」とは「全き家」だったのであり、親（父と母）と子供とが親愛の絆で結ばれている「近代家族」とは全く別物である。ルターの『小教理問答書（エンキリディオン）』には、その最後に「家訓（Haus Tafel）」なるものが付いているが、[19]そこにはたとえば「両親に対して」エフェソ六章四節（「父たるものよ、子どもをおこらせないで、主の薫陶と訓戒とによって、彼らを育てなさい」）が、また「主人と女主人に対して」エフェソ六章九節（「主人たちよ、しもべ〔奴隷〕たちに対して……おどすことをしてはならない……」）などが引用されている。つまり『小教理問答書』の「家訓」は、当時の「全き家」という家族形態ゆえに、よく読まれていた「家父文書（Hausvater – literatur）」の系譜をひくものなのである。[20]いずれにせよ、「全き家」における家政、これがオイコノミアの意味するところであった。産業化以前の「家政的世界」である。

ところが一八世紀以降、新しい世界が始まる。産業化社会である。そしてそれに伴い、オイコノミア（家政、家の管理維持）の政治・経済化が進行する。たとえばケネーの重農主義（『経済表』、一七五八年）。彼は、一国の統治・繁栄を農業の発展にみたのである。あるいはアダム・スミスの『国富論』（一七七六年）。彼は「経済学の父」と呼ばれた。しかしスミスにしたところで、今日のいわゆる経済学者ではない、むしろ倫理学者。つまり彼は『国富論』を著しつつ、他方『道徳感情論』（一七五九年）で「共感（sympathy）」を論じている。実際スミスは『国富論』においても各人の利己心にもとづく経済活動が「神の見えざる手」によって社会全体の富裕を実現すると論じたのである。つまりオイコノミア（エコノミー）という言葉は、まだここでも依然として（社会全体の）統治・管理の意味合いを失っていない。

こうした事情は、エコノミーを「経済」と訳した日本語の翻訳にも反映している。「経済」の語源は四世紀晋代の「経世済俗」（『抱朴子』、三一七年）にあるとされる。それが江戸の儒学者太宰春台（『経済録』一七二九年）などに受け継がれたのだが、その意味するところは「世を治〔経〕め、民を救〔済〕う」ということである。[21] つまり「経済」という語は、今日のいわゆる「経済」、すなわち金銭上の取引ばかりを意味していたわけではないのである。

しかし、やがて産業化の進展に伴い、家計と経営の分離、商品経済の浸透、すなわち市場的世界がすべてを覆っていく。そしてこの流れの中でエコノミー（オイコノミア）は（家の）統治・管理、すなわち家政の意味を失い、もっぱら商品経済に伴う貨幣の動き、つまり損得勘定に基づく金銭の取引、要するに市場経済に特化されていくのである。これが我々が生きている世界、すなわち「市場的世界」である。そこではオイコノミア（エコノミー）とは、その原義たる生の場（家や世界）の秩序や管理維持から遠く離れて、もっぱらいわゆる「経済」、つまりお金の問題ということになったのである。

したがって今日、そのように狭まってしまったオイコノミア（エコノミー）概念を再考し、広義のオイコノミアの回復を目指す試みがでてくることもうなずける。たとえば一国の経済利益の追求（限定経済）でなく、原子力エネルギーの是非をも視野に入れたバタイユの「普遍経済学」の試み（『呪われた部分』一九四九年、『ヒロシマの人々の物語』一九四七年）や、昨今、盛んに論じられる贈与と交換の問題などである[22]。注目すべき動向である。

さて次に考えてみたいことは、オイコノミア（エコノミー）が、神による世界の秩序化、つまり神の世界統治、内容的にいえば神による救済の摂理を意味してきたという問題である。

新約聖書の用例を探ってみれば、オイコノミアという言葉は次のように使われている。「……神の内に世の初めから隠されていた秘められた計画……」（エフェソ三9）。神の秘められた「計画（オイコノミア）」とは、もちろん神による救済の計画である。「……それは、〔主から〕ゆだねられている務めなのです」（一コリ九17）。ゆだねられた「務め（オイコノミア）」とは、福音の告知という神による救済の業のパウロに託された務めのことである。いずれもオイコノミアという言葉が、神の救済の業、その摂理の意味で使われている。そして神の救済の業、それこそが言葉を代えて言えば、神による世界の統治であり、秩序化なのである。

さて、こうした神の救済的世界統治は、教理的には三位一体論として展開されていく。それが「経倫的三位一体（ökonomishe Trinität, economic Trinity）」である。三位一体論はキリスト両性論と並ぶキリスト教教理の柱であるが、すでに4世紀には確立し、東方教会では主として内在的三位一体(immanente Trinität)として、西方教会では経倫的三位一体として形成されていく。父・子・聖霊が神の内的構造を形づくっている、これが内在的三位一体である。かかる永遠の内的構造をもった神が、時間の中へ出ていく、つまり人間の世界に関わる在り方、すなわち父なる神として（創造）、子キリストとして（救済・和解）、そして聖霊として（聖化）、人間世界に関わること、これが経倫的三位一体である。そのように神は世界を統治し秩序づける。まさに神のオイコノミア（経倫）である。

さてオイコノミア（エコノミー）についてまとめたい。エコノミーとは何か。それは二様の使われ方をしてきた。神のエコノミーと人間のエコノミー。人間のエコノミー、それは「家政」であり、またいわゆる「経済」であった。そして神のエコノミーとは「救済の摂理（秩序）」である。つまり、救済とは神が人間と関わる究極的な関わり方・究極的な統治なのだが、これこそが神が人間と織りなす究極の形、すなわち神のエコノミーである。

しかし、なぜ同じエコノミーという言葉が、神と人間に関わって使われるのか。それは、神のエコノミーの上でそれに重なって人間のエコノミーが展開されるからである。では、神のエコノミーの上に人間のエコノミーが重なるとは、どういうことか。次の二点から考えたい。一つは、人間が「神の像（Imago Dei）」であるということ（創世記一26―27）。そしてもう一つは、人間は「隠された神（Deus absconditus）」の前で生きるということ、この二つである。「神の像」と「隠された神」。つまり、神の像たる人間は隠された神の前で生きる。これがまさに人間が世界に生きる、「住む（オイケオー）」ということである。

神のエコノミーの上に、人間のエコノミーが重なり展開する。ところがその展開を実際たどってみれば、人間のエコノミーは神のエコノミーから常に大きく逸脱している。これが「罪」である。とはいえ、それゆえにこそ神のエコノミーが存在し、人間のエコノミーをあくまで支えるのである。

再度まとめれば、神の像たる人間が隠された神の前で生きる、これが人間が世界に「住む」ということであり、神のエコノミーの上に人間のエコノミーが重なり展開するということであった。そして指摘したいことは、これがすなわち「文化」ということなのであるということである。すなわち「エコロジー」が神が創造したすばらしき「自然（nature）」の在り方であるのに対し、「エコノミー」とは人間が隠された神の前で織りなす「文化（culture）」の在り方を示しているのである。

4　エキュメニズム

エキュメニズム（Ecumenism）という言葉は、ギリシア語のオイクメネー（οἰκουμένη）に由来するが、オイクメネーは、オイケオー（οἰκέω）の受動態現在分詞の女性形であり、人の住むすべての場、つまり全世界のことである。コスモス（κόσμος）とほぼ同義[23]。

新約聖書では、次のように使われている。「そのころ、皇帝アウグストゥスから全領土の住民に、登録をせよとの勅令が出た」（ルカ二1）。「そして、御国のこの福音は……全世界に宣べ伝えられる」（マタイ二四14）。

全世界、つまり世界にとって普遍的なという意味合いで、キリスト教用語として、また次のように使われてきた。「オイクメネーな会議」、公会議のことである。「オイクメネーな信条」、古典信条のことである。そして「オイクメネーの運動」。これがつまりエキュメニズム運動、すなわち教会間再一致運動のことである。

しかし始めに書いたように、エキュメニズムに関して視座の拡大が必要である。どういうことか。オイクメネーとは全世界のことであるから、それは全世界のすべてと関わり、すべてを貫き包み込むということ、端的に言えば全世界の「共生」こそが目ざされるべきではなかろうか。共生、つまりよりハッキリ言えば人類的共生、これこそが「来たるべきエキュメニズム」の中心的課題なのである。

逆に共生を疎外するもの、たとえば戦争がある。したがって、あのカトリックとルター派のエキュメニカル文書の題名が示唆するように「争いから交わりへ」という和解への努力が必要なのである。たとえばカントは『永遠平和のために』を著し、「世界共和国（Weltrepublik）」の理念について語った。[24] まさに人類的共生への一歩である。

あるいは人類的共生をややエキセントリックに構想したものとして、M・マクルーハンの「グローバル・ヴィレッジ（地球村）」やJ・ラブロックの「ガイア（地球生命圏）仮説」、B・フラーの「スペースシップ・アース（宇宙船地球号）」などを考えることもできよう。はたまた、更に壮大に全被造物（自然）の進化完成のオメガ点としてのキリストを予言構想するT・ド・シャルダンのことも思い浮かぶ。もっとも彼らの多くは、原子力思想に関して言えばフクシマ以前的であるとは思うが、ある意味、人類的共生としての来たるべきエキュメニズムなのである。

しかし、全被造物の進化完成のオメガ点はともかく、脚下の二一世紀的現実を考えてみても、資本主義のグローバル化のもつ破壊性、テロと戦争、近代技術と環境破壊（原子力エネルギー！）等々、現代世界はかつてなく争い合い分裂し深く傷ついている。また諸宗教、諸教派の分裂等々。この現実を前に、まさに共生こそが来たるべきエキュメニズムの役割なのである。テオ・ズンダーマイヤーは、ラテンアメリカの解放の神学の共同的生の体験（草の根的な「キリスト教基礎共同体」運動）に学びつつ、共生（Konvivenz）こそが「エキュメニカルな生き方」の基本構造であるという[25]。

まとめよう。オイケオー（住む）から出発した言葉「エキュメニズム」は、二一世紀の現実を前に、もう一度、初心にもどる。共に住むということ、共に生きるということ、ここに来たるべきエキュメニズムがある。それは人類的共生であり、全自然との、また全文化（宗教）との共生である。そして、それこそが神と共に生きるということ、すなわち神との「共生」でもある。

三　フクシマと宗教の未来

来たるべきエキュメニズムの最大の課題、それは共生である。とはいえ、具体的には何が問題となるのか、そしてそこからどういう宗教の未来がみえてくるのか。再度、今までの論議を整理反芻しつつ考えてみよう。

エキュメニズムの語源である「オイケオー(住む)」から考えなおすことがポイントである。すると、三つのEが浮かび上がる。エコロジー、エコノミー、エキュメニズム。まず第一にエコロジー。それは「神のすばらしき創造の世界」、端的に言えば自然の中で「住む」ということに関わる。そこには住む場(オイコス)の論理(ロゴス)がある。これがエコロジーである。第二にエコノミー。それは「神の像」としての人間が「隠された神」の前に「住む」ということ、具体的に言えば、人間が文化をつむぎ出しつつ生きることに関わる。そこには住む場(オイコス)の秩序の務め(ノモス)がある。これがエコノミーである。そしてこうした自然と文化の領野(つまりこの世界)に「住む」ということ、ここに要請されるのがエキュメニズム、すなわち共生である。

このように神の造った世界で、隠された神の前で「住む」こと、つまり「生きる」こと、これこそがまさに神との「共生」なのである。ここで私は、獄中のボンヘッファーのあの最後の思想を想い起す。「神の前で、神と共に、神なしで(vor Gott, mit Gott, ohne Gott)生きる」。人間は「神の前で」生きるのである、「神と共に」生きるのである、そして「神なしで」つまり隠された神の前で生きるのである。[26] これがすなわち神との共生である。

人間は神の造った自然の中で生きる、そして隠された神の前で文化を営みつつ生きる。自然と文化、すなわち全自然と、そして諸文化（諸宗教）と、それゆえ神と、共生して生きる（エキュメニズム）。と言うわけで、もう一度、自然（nature）と文化（culture）について整理しておこう。自然とは何か、文化とは何か。

神が無より創造（creatio ex nihilo）したもの、これが自然である（創世記一－二章）。それはまさに「神のすばらしき創造の世界」そのものであり、そこには言わばゆるぎなき論理が貫かれている。それがエコロジーである。それに対し文化とは、神の造ったそうした自然への人間の働きかけである。それゆえそれは「神の前」で生きる「神の像」としての人間の有限な営みであり、神の造った自然を「耕す（cultus）」のであるから、ある意味それは神との共働（cooperatio）である。それ故そこには神に託された管理の務め（ノモス）がある。これがエコノミーであり、ボンヘッファーはそれを「委託（Mandate）」という概念とらえた。「聖書は「神の」四つの委託として、労働、結婚、政府、教会（Arbeit, Ehe, Obrigkeit, Kirche）をあげている。われわれは神の秩序（göttliche Ordnung）について語る代わりに、神の委託（göttliche Mandate）について語る。[27]」労働、結婚、政府、そして教会（宗教）。確かにこれらこそ文化の内実であり、それらが「神の委託」であるならば、それは「神との共働」であり、「オイコス（住む場）」の「ノモス（秩序、統治、管理）」すなわちオイコノミア（エコノミー）

である。

2 「創造の秩序」と「救済の秩序」

ボンヘッファーは「神の秩序」でなく、「神の委託」であると言う。そこには二〇世紀前半の一群のドイツ・ルター派の神学者たちの「秩序（Ordnung）」の思想への批判が込められている。彼らルター派の神学者たちは、エクレシア・エコノミア・ポリティア（教会・家政・政治）という、ルターのいわゆる神の定めた「三領域の秩序（dreifache Ständeordnung）」説をベースに、それをきわめて狭く固定化し、かつそれゆえ自己肯定的に利用して、神の「創造の秩序（Schöpfungsordnung）」を強調した。そしてそれはやがてヒットラーの唱える「血と大地」の秩序に足をすくわれ、事実ナチスに迎合していったのである。バルトやボンヘッファーは、こうした秩序思想に忍び込む人間の自己絶対化を原理的に防ぐ相対化の視座として、イエス・キリストを強調し（キリスト論的集中）、「創造の秩序」を厳しく批判したのである。私は、その批判は当たっていると思う。バルトとボンヘッファーはイエス・キリストを強調したわけだが、私はそのことを本論考では、人間が隠された神の前で生きることとして論述しているのである。なぜなら聖書の語るイエス・キリストこそ、まさに「隠された神」そのものであるからである。

しかし私が言いたいことは、そのことに尽きない。いや、むしろ次のことをこそ強調したいのである。神と人間との原理的な関係の問題として、神の「創造の秩序（Schöpfungsordnung）」という言葉を生かし、それに「救済の秩序（Heilsordnung）」を結びつけ再構成することが可能ではないか、ということである。「創造の秩序」と「救済の秩序」というルター的枠組。

そこでまず、神と人間との関係を、神の側から整理し直してみれば、神は次のように人間と関わる。すなわち、「創造（creatio）」と「保持（conservatio）」と「救済（salvatio）」である。これらはもちろん神の一方的な働きであり、人間は受容するのみである。ルターはこのことを、神の「恵みのみ（sola gratia）」と人間の「喜ばしき受動性（ein frolich leyden）」と言ったのである。

さて、かかる神の人間に対する「創造」・「保持」・「救済」を、「創造の秩序」と「救済の秩序」という枠組みで整理してみれば、「創造の秩序」とは「創造」を出発点としつつ「保持」の働きにも及び、また「救済の秩序」とは「救済」を終極点としつつも「保持」の働きをも内包しているのである（図２参照）。

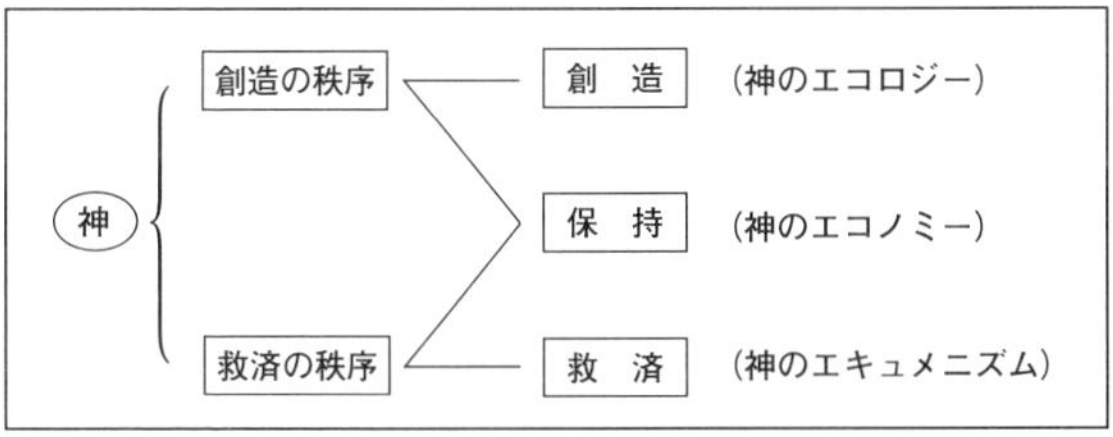

図２

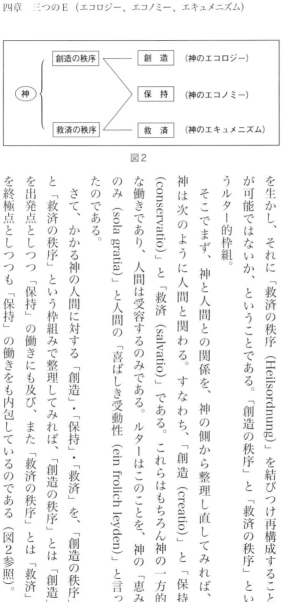

そして「創造」とは自然史的世界の創造であり、そこには「神のエコロジー」が貫かれる。また「保持」とは文化歴史的世界の保持であり、そこには「神のエコノミー」が働いている。そして「救済」とは万物の救済、すなわち文字通り終末の到来であり、それは「神のエキュメニズム」の完成と言えよう。なぜならばパウロが「わたしたちは、今は、鏡におぼろに映ったものを見ている。だがそのときには顔と顔とを合わせて見ることになる」（一コリ一三12）と言っているように、「そのとき」すなわち救済（終末）の時には神と人間は「顔を顔とを合わせて見る」、つまり神と人間との真実の「共生（エキュメニズム）」ということになるからである。

3　住む

神と人間の関わりを神の側から整理し、「創造の秩序」と「救済の秩序」について考えてみた。では人間の側から考えれば、どういうことが言えるのか。神と人間との関わりを人間の側から言えば、それは神が創造し保持しそして救済するこの世界に、「住む」ということである。生きるとは、「住む」ということである。となれば「住む（オイケオー）」とは、いかなることか。今までの論議をまとめてみよう。

「住む」とは何か。自然の中で、文化を営みつつ住む。すなわち「神の創造したすばらしき世界」

の中で、「神の像」としての人間が、「隠された神」の前で生きるということである。人間は「神の前（coram Deo）」で生きる、これが結論である。もう少し言えば、人間はエコロジーに従いつつ自然の中に住む。そしてエコノミー、すなわち文化の務めを営みつつ生きる。そうすることによって人間は人間どうし、かつ神と共に生きる。これがエキュメニズムの意味するところである。

ハイデガーはこのことを「世界内存在」という言葉で語ったのである。そして「四方界（Geviert）」論を展開した。大空の下、大地の上で、神なるものの前で、死すべき者（人間）と共に住む。大空の下、大地の上で、つまり自然の中で、神なるものの前で人間と共に、つまり文化を営みつつ住むのである。

4　フクシマ

生きるということは、「住む」ということである。ところが住めなくなる、すなわち住むことの不可能性の問題が、この世界に浮上してきた。フクシマの帰還困難区域の問題である。フクシマの問題、つまり原子力の問題である。オイコス（生の場）の破壊、これが原子力（核）の問題のそれこそ核である。

ハイデガーは詩人ヘルダーリンを論じる中で、ある謎のような文章を書いている。「自己自身の調子を狂わせる、四方界（Geviert）の出来事としての集―立（Ge－Stell）」[28]。「集―立」とは全くのハイデガーの造語で、原子力の利用にまで行きついた近代技術の本質を指している（『技術への問い』）。もともと技術（テクネー）とは自然のもっている力に手をかし、その力を「こちらへもたらす（Hervorbringen）」ものであったが、やがて近代に至り自然を「挑発する（Herausfordern）」ものとなった。これがハイデガーの主張だが、その事態を彼は「集―立（集め立てる）」と表現したのである（わかりづらい訳語ゆえ、「総かり立て体制」、「巨大―収奪機構」などと訳している場合もある）[29]。大空の下、大地の上で、神なるものの前、人間と共に住むという「四方界」で起こりつつある狂った破壊的な出来事、それが「集―立（総かり立て体制）」であり、それが原子力の利用ということなのである。人間は「四方界」に住めなくなりつつある。というのも人間が神の造った自然を挑発し総かり立て体制にもちこみ、原子爆弾と原子力発電所をつくり、人間どうし共に住むどころか誰も住めない帰還困難区域を自ら作り出したからである。これがフクシマ問題である[30]。

5　宗教の未来

まとめよう。生きること、ここにすべてがある。言葉をかえて言えば、「住む（オイケオー）」ということである。このオイケオーから派生した三つの言葉、エコロジー、エコノミー、エキュメニズムについて考察してきた。「神の創造したすばらしき世界」に住む。自然との共生、これがエコロジーである。その自然を、「隠された神」の前で、「神の像」として有限性をもちつつも「耕す」ことを通じて人間は文化を営む。そこには諸宗教・諸文化との共生の務めがある。これがエコノミーである。そして、こうしたこと自体が、すなわち再一致であり対話でありまさに共生である。つまりエキュメニズムである。自然との共生、諸宗教・諸文化との共生、つまり全被造物の共生、いやそれこそ神との共生（救済！）、ここに宗教の未来がある。

そうした宗教の未来に向けて、具体的に何が問題か。生きること、住むことのできない場の出現、これである。フクシマに現れた帰還困難区域の出現、これである。つまり原子力問題に人類はいかに対処していくのか、これである。原子力エネルギーの地球生態圏での無媒介的利用は、神のエコロジーにも、神のエコノミーにも、そして神のエキュメニズムにも本来ありえない。しかし人間は本来ありえないにもかかわらず、原子力利用という「総かり立て体制」に邁進しつつある。それゆえ反核・脱原発こそが、二一世紀の目標となる。そして、そうした目標に向って歩むということが、「神の前」で生きるということなのではなかろうか。フクシマ以後の「来たるべきエキュメニズムのプログラム」の第一頁である。[31]

注

（1）一致に関するルーテル＝ローマ・カトリック委員会報告書『争いから交わりへ（From Conflict to Communion）―二〇一七年に宗教改革を共同で記念するルーテル教会とカトリック教会』ルーテル／ローマ・カトリック共同委員会訳、教文館、二〇一五年。

（2）『争いから交わりへ』、前掲、七頁。

（3）『ギリシア語新約聖書釈義事典Ⅱ』教文館、五六八頁。以下、ギリシア語の用例については、本書によった。

（4）Martin Heidegger, Bauen Wohnen Denken, in: Martin Heidegger Gesamtausgabe, Bd. 7, Vittorio Klostermann Verlag, 2000. なお、『ハイデッガーの建築論』中央公論美術出版、二〇〇八年に収録されている中村貴志の邦訳を参照。

（5）Martin Heidegger, a.a.O., S.149.

（6）Martin Heidegger, a.a.O., S.151.

（7）M・ハイデガー「シュピーゲル対談」、『形而上学入門』川原栄峰訳、平凡社、一九九四年、三八九頁。ただし訳者の川原氏は、ein Gott を「神のようなもの」と訳しているが、私は加藤泰義氏にならって「神なるもの」とした（同書、四三〇頁参照）。

（8）M・ハイデガー『哲学への寄与論稿』（創文社版『ハイデッガー全集』第六五巻）のⅦ「最後の神」。

（9）注（7）の四三〇頁参照。
（10）注（7）の四一〇頁参照。
（11）ルターは「隠された神」について、二様の使い方をしている。永遠に隠れ人間には最後まで隠され続ける「神それ自体（Deus ipse）」と、十字架の上で（栄光の姿を隠しつつ）自らを示す「啓示された神（Deus revelatus）、つまり十字架につけられた神（Deus crucifixus）」である。拙著『神の仮面―ルターと現代世界』リトン、二〇〇九年、三五頁以下、拙稿「ハイデルベルク討論と〈十字架の神学〉」『ルターと宗教改革』第七号、日本ルター学会、二〇一七年参照。
（12）Gerhard Ebeling, Luther ― Einführung in sein Denken, J. C. B. Mohr, 1981 S.227, S.251.
（13）M・ルター「善い行いについて」『ルター著作選集』ルター研究所編、教文館、二〇〇五年、一四〇頁。
（14）佐藤恵子「テクノロジーと新しい視覚―E・ヘッケルの『自然の芸術形態』をめぐって」『知の近代を読み解く』加藤泰他編、東海大学出版会、二〇〇一年、一二二頁（〔　〕は、引用者）。なお、E・ヘッケルの生命発生原則については、S・J・グールド『個体発生と系統発生』仁木・渡辺訳、工作舎、一九七七年、三木成夫『胎児の世界―人類の生命記憶』中公新書、一九八三年、中村雄二郎『かたちのオディッセイ』岩波書店、一九九一年、とくに三九頁以下を参照。また拙稿「重層宗教論―吉本隆明の宗教論のためのノート」『教会と宣教』第一〇号、日本福音ルーテル教会東教区宣教ビジョン・センター、二〇〇四年、とくに一一六頁以下をも参照。
（15）橋爪大三郎「やっぱりふしぎな、キリスト教」、『新潮』二〇一一年九月号。

(16) オイコノミアについては、次の文献を参照せよ。玉野井芳郎『エコノミーとエコロジー—広義の経済学への道』みすず書房、一九七八年、G・アガンベン『王国と栄光—オイコノミアと統治の神学的系譜学のために』高桑和己訳、青土社、二〇一〇年、『ニュクス』第一号（特集「〈エコノミー〉概念の思想史」）堀之内出版、二〇一五年。なお、ルターのいわゆる「三領域の秩序（dreifache Ständeordnung）」説の場合、すなわちこの世界を三つの領域（エクレシア〔ecclesia 教会〕、オイコノミア〔oeconomia 家政〕、ポリティア〔politia 政治〕）で秩序づける場合、オイコノミアが結婚とか家庭生活という狭い意味での家政という意味で使われているが、本論考ではオイコノミアをより広く、上記の三重の身分（領域）すべてを包括する意味合いで考えていく。

(17) クセノフォン『オイコノミコス—家政について』越前谷悦子訳、リーベル出版、二〇一〇年。

(18) オットー・ブルンナー「「全き家」と旧ヨーロッパの「家政学」」『ヨーロッパ—その歴史と精神』成瀬治他訳、岩波書店、一九七四年。

(19) ルター「小教理問答」『ルーテル教会信条集《一致信条書》』信条集専門委員会訳、聖文舎、一九八二年、五〇七頁以下。また『エンキリディオン　小教理問答』ルター研究所訳、リトン、二〇一四年、六一頁以下。

(20) 山内芳文『ドイツ近代教育概念成立史研究』、亜紀書房、一九九四年参照。とくに第一章「ルターの家族論における親子関係と教育」及び第二章「「家父文書」における親子関係と教育」。なおルターのこの「家訓」表は、直接にはJ・ジェルソン『全ての信仰者の生き方についての小論』の影響を受けたものと言われている（前掲『エンキリディオン　小教理問答』、訳注（5）、八八頁）。

(21)『哲学・思想翻訳語事典』石塚・柴田監修、論創社、二〇〇三年、「経済」の項目（八六頁以下）参照。

(22) 本書、一章及び二章参照。

(23) 注（3）の五七一頁。

(24) カントの「世界共和国」理念を更に検討・深化したものとして、柄谷行人『世界共和国へ』岩波新書、二〇〇六年、同『世界史の構造』岩波書店、二〇一〇年参照。

(25)『文化と宗教基礎用語事典』海鳴社、二〇一五年、「共生（konvivenz）」の項（ラインハルト・フンメル）参照（六七頁以下）。

(26)『ボンヘッファー獄中書簡集』E・ベートゲ編、村上伸訳、新教出版社、一九八八年、四一七頁。ここで少しコメントすれば、ボンヘッファーは「神の前で、神と共に、神なしで」を「成人化した世界（die mündige gewordene Welt）」、つまり近現代世界での特徴と把えたが、しかし私はこれは全ての時代を貫く神と人間との基本的関係ではないかと考える。もちろん、近代においてそれがますます顕わになったわけではあるが……。

(27) Dietrich Bonhoeffer, Ethik, (D. Bonhoeffer Werke Bd.6) Chr. Kaiser Verlag, 1992, S.54f.

(28) M・ハイデガー『ヘルダーリンの詩作の解明』（創文社版『ハイデッガー全集』第四巻）、濱田恂子・イーリス・ブハイム訳、一九九七年、二〇四頁（ただし訳語一部変更）。

(29) ハイデガーの技術論に関しては、M・ハイデッガー『技術への問い』関口浩訳、平凡社、二〇一三年、

（30）加藤尚武編『ハイデガーの技術論』理想社、二〇〇三年参照。

なお原子力問題については、本書六章参照。

（31）「来たるべきエキュメニズムのプログラム」という言葉は、W・ベンヤミンの著書『来たるべき哲学のプログラム（Über das Programm der kommenden Philosophie）』道籏泰三訳、晶文社、一九九二年より借りた。

五章　恩寵義認と三つのE

――ルターの原点と可能性

一　はじめに――宗教改革五〇〇年

二〇一七年、宗教改革五〇〇年の年、日本福音ルーテル教会は日本カトリック司教協議会と共同主催で長崎のカトリック浦上教会で五〇〇年記念のシンポジウムと礼拝をおこなった（一一月二三日）。その前々日、ルーテル教会の牧師はやはり同じ浦上教会を会場として全国教師会を開いた。そこで私は「ルターの原点と可能性」と題して講演をしたが、以下、その論点を記しておきたい。

まず、その講演の骨子を記しておこう。宗教改革五〇〇年を記念することの意義はどこにあるのか。一言でいえば、「ルターに学びつつ、ルターを越えて」ということであろう（フランスの哲学者J・デリダの用語を使えば、「ルターの脱構築」という事になる）。ルターに学びつつとは、まずはルターの原点をおさえるということである。私はそれを「恩寵義認」という言葉で表現したい。ルターを越えてとは、ルターの可能性を探るということである。あるいは未来志向で考えるということである。私はそれを「三つのE」という言葉で一応、まとめてみた。

話の展開としては、最初に「三つのE」について考える。「三つのE」とは、エコロジー、エコノミー、エキュメニズムの頭文字のEであるが、この「三つのE」にこそ現代から未来にむけての、少しオーバーに言えば世界の運命がかかっている。その「三つのE」とルターとの関わり、更に「三位一体論」との関わりについて考える。

次に「恩寵義認」について考える。従来、ルター神学の核心を表わすものとして「信仰義認（信仰のみ）」という用語が使われてきたが、私はそれに代えて「恩寵義認（恵みのみ）」の方がよいと思っている。この問題をルターの信仰論の考察、それに関連して「中動態」の問題、さらには「一人のキリストになる」（『キリスト者の自由』の結論）を通して検討する。そしてさらに「恩寵義認」と「キリスト両性論」との関係を考えてみる。

最後に、われわれの世界（教会）の課題として、贈与と共生（神のすばらしき創造世界！）ということをまとめとしたい。

二　三つのE

1　現代と三つのE

現代とは、いかなる時代であろうか。二一世紀に起こった二つの出来事を考えてみたい。「9・11」と「3・11」である。二〇〇一年九月一一日、イスラム過激派によるニューヨークの世界貿易センタービル等への同時多発テロが起こった。以後、世界は露骨なまでの対立と衝突の世界になったように見える。イスラム教対キリスト教、「宗教の衝突」。「文明の衝突」という言葉を使う人もいる（サミュエル・ハンチントン）。世界には様々な対立が渦巻いている。格差や差別や難民の問題等々。二〇一一年三月一一日、東日本大震災による大津波、そしてそれに連動してフクシマ原発事故が起こった。自然災害、そして人災。ここでは特にフクシマの原発事故に着目したい。

さて、こうした二つの日付に象徴される世界のヒビ割れを考えるとき、三つの言葉が浮かび上がってくる。エコロジー（Ecology）、エコノミー（Economy）、エキュメニズム（Ecumenism）である。「三つのE」である。(1) ところで、この三つの言葉は、実は同じ一つの言葉が語源となっている。ギリシア語のオイケオー（住む）である。このオイケオーからオイコス（家、生きる場）という言葉がうまれ、そのオイコスの論理・道筋（ロゴス）ということから「エコロジー」という言葉が出てきた。エコロジーはふつう「生態学」と訳されている。「生態の論理」、つまり全自然生態の根源的論理ということである。他方、オイコスの統治の法・規範（ノモス）ということからオイコノミア→「エコノミー」という言葉ができたのである。つまり生きる場（家）の統治・管理ということで、エコノミーとはもともとは家政や経世済民（世を治〔経〕め、民を救〔済〕う）ということであったが、今日ではもっぱら金銭の動きという意味での「経済」という意味で使われている。更にオイケオーからオイクメネー（人の住む全世界／すべての者の生きる場）という言葉ができ、それが「エキュメニズム」という言葉になった。エキュメニズムは今日、キリスト教間再一致運動を指す言葉だが、そのもともとの語源をたどれば「共生」というべきであろう。

ところが、この語源を同じくする「三つのE」が今日、危機に陥っている。三つのEの危機、ここに現代世界の危機がある。エコロジーの危機、エコノミーの危機、エキュメニズムの危機である。

まずエコロジーの危機である。自然環境の破壊である。そして自然環境破壊といえば、その最大のものは言うまでもなく原子力によるものであろう。原子力の戦争利用（原子爆弾）であれ、平和利用（原子力発電所）であれ、要するに原子力が問題である。原子力のいったい何が問題なのか。原子力に関しては、その事故の危険性やいわゆる「核のゴミ」の処理不可能性やはたまた経済性等々のことが論じられている。もっともなことだが、しかし私は、原子力の原理的特異性とでもいうべきことこそが真の問題だと思う。そして結論的に言えば、人類と原子力は共生しえないと思う。どういうことか。

原子力の原理的特異性とは何か。二点ある。まず原子力エネルギーは、原子力以外のエネルギー（火や蒸気や石炭・石油等々）とは根本的に異質だ、ということである。原子力以外の全てのエネルギーは、原子核の周りの電子の化学反応のエネルギーであるのに対して、原子力エネルギーとは原子核そのものの分裂（あるいは融合）によるエネルギーであり、それゆえ放射能が拡散されるのである。更にもう一点ある。原子力エネルギーと言えば、そもそも太陽エネルギーそのものが核融合のエネルギーであり、地球もそのエネルギーで成り立っているのであるが、しかし、地球はその太陽エネルギーを直接あびているわけではない。地球は、太陽エネルギーをいわば「媒介」を通して受け取っている。つまり植物の光合成を通して出来上がった地球の表層部を覆っているわずか数キロメートルの層によってかたちづけられた「生態圏」（つまり生命の世界！）のゆえに、太陽の核エネルギーを直接あびることなく、太陽エネルギーを媒介的に利用しえているのである（中沢新一『日本の大転換』）。地球とは、まさに全宇宙の中で放射能を直接あびることなく生命が生きうる特別な惑星なのである。ところがその地球で直接に核エネルギーを作り出してしまったもの、それが原爆であり原発である。放射能の大量放出。これでは地球上に生命は住むこと（オイケオー）ができなくなる。まさにエコロジーの危機である。

次にエコノミーの危機。前述したようにエコノミーとはもともとお金の動きという意味での経済のことだけではなかったが、今日ではもっぱらその意味で使われている。そしてその経済が人々を苦しめ危機をもたらしている。資本主義の問題である。マルクスはそこに警鐘を鳴らした。そして今日、その危機はグローバル大に拡がり、地上いたるところに貧困問題、格差問題を引き起こしている。結局、「9・11」もここに原因の一つを持っていた。近年、日本社会もその例外ではない。

そしてエキュメニズムの危機である。エキュメニズムを「共生」という意味合いで使えば、今やこの世界は共生どころか分断世界である。文明の衝突、宗教の衝突、格差、世代間の断絶、家庭崩壊……。テロ、戦争、難民……。もはや誰も解決策を持っていないように見える。

2　三つのEとルター

さて、こうした「三つのE」に関わって、ルター神学の出番はあるのか。私はあると思う。以下3つのテーマについて考えてみよう。エコロジーと「神の前」、エコノミーと「受動性」、エキュメニズムと「負の遺産」である。

まずエコロジーと「神の前」。ルターの神学思想を成り立たしめる一つの枠組みは、ルターにおいて「神の前（coram Deo）」と「人の前（coram hominibus）」とが混同されていないということである。神は最初の人類アダムに園の中央の木の実に手をだしてはいけないと言った。神の領域だからである。

人は神の領域に手を出してはいけない。それがルターのいう「神の前」に立つ人間のあり方である。ところがアダムとイブが手をだしたように、今日の人間も手をだす。それも確信犯的に、である。私は、原子力のことを言っているのである。人類は原子力に手をだした。しかし、原子力は前述したように本来、この地球という惑星では直接扱ってはいけないものである。いわばそれは「神の領域」に属する事柄と言うべきではなかろうか。しかし、そこに手をだした。しかも、原子力が「神の領域」に属するということを、人間はうすうす知っていたのではなかろうか。私が確信犯的に手をだしたという由縁である。と言うのは、ヒロシマに原子爆弾が投下される3週間ほど前にアメリカのニューメキシコ州で人類最初の核実験が成功したのだが、その実験場の名前は「トリニティー」であった。あるいは日本でも原子力の高速増殖炉の名前を「もんじゅ」、「ふげん」とつけていた。しかし「トリニティー（三位一体！）」にせよ、「もんじゅ（文殊菩薩！）」、「ふげん（普賢菩薩！）」にせよ、いずれも宗教の言葉、いわばホーリーネームである。それをあえて原子力に関わって名付けていたとすれば、原子力が「神の領域」に属することを無意識的にではあれ、知っていたというべきではなかろうか。

人間は「神の前」に生きる存在として、「神の領域」に手を出してはいけない。ルターならそのように言うであろう。しかし、人間は「神の領域」に手をだし続ける。原子力、生命操作、情報技術、……。それは今日、暴走し続けている。

次にエコノミーと「受動性」について考えたい。今日、資本主義経済は、地球のいたる所に圧倒的な富と圧倒的な貧困の格差を生み出し、そして圧倒的多数の人々が生きる事に苦しんでいる。弱肉強食。解決策はあるのか。一つ提起されているのは、北欧型の福祉社会である。持てる者が、持たざる者へと富を分配するのである。つまり具体的に言えば高税率の社会である。そして注目すべきは、そうした北欧福祉社会が伝統的にルター派の国々であったという事実である。[2] これは偶然だろうか。単純に言うことはできないが、私はそこに何ほどかの関連があると思う。ここで注目したいのは、マックス・ウェーバーの『プロテスタンティズムの倫理と資本主義の精神』での、ある有名な指摘である。ウェーバーはこう言っている。同じプロテスタントといっても、カルヴァン派が自らを神の力の「道具」と感じる自己理解をもつのに対して、ルター派は自らを神の力を受けとる「容器」という自己理解をもちやすい、と言っている。[3]「道具」と「容器」。つまり、ルター派は受け取るという感受性を持ちやすい。もっと言えば受け取る側への共感を持ちやすいのである。

どういうことか。福祉社会とは、持てる者が多額の税金を収めなくてはならない。高税率社会である。そういう社会が成立するためには、持てる者にも、持たざる者への、つまり受け取る側への共感がなければならない。つまり、今、自分は持てる者だが、本来、自分もまた持たざる受け取る者であるという根源的な感性（エートス）が必要なのである。そしてルター派は、ウェーバーが指摘したごとく、比較的に自らを受けとる「容器」と感じるエートスを持ち得てきたのである。

私は何を言いたいのか。ルターは死の前日、一枚の絶筆メモを残している。そこにはこう書いてあった。「私たちは、〔神の〕乞食である」（『卓上語録』）。乞食とは、与える者でなく、受け取る側の者である。人間は神の恵みをひたすら一方的に受け取ることによって生きる（恵みのみ）。まさに神の乞食なのだ、そうルターは言いたいのであろう。つまり、ルターにおける「受動性」の問題である。ルターの「塔の体験（宗教改革的転回）」とは何であったか。能動的なではなく、逆にまさに「受動的な神の義（justitia dei passiva）」の発見であった。「神の義」を受動的にいただくのである（これがルターのいう義認＝救済である）。まさにルター派における「喜ばしき受動性（ein frolich leyden）」である。ここに、ルター派と福祉社会の接点がある。

もちろん受け取る者がいるということは、与える側が存在しなくてはならない。与えるということ、それも一方的な贈与。ここにこそ、世界と教会の最終的なかつ最大の課題があるのではなかろうか。（柄谷行人は『世界史の構造』で、来るべき社会Xを贈与こそがキーとなる社会として構想している。そしてそもそも普遍宗教の理念はそのことを語っていたという）。

さて、エキュメニズムと「負の遺産」である。ここではあえてルターの負の遺産に言及したい。考えてみればルターは不本意ながらも五〇〇年に渡る教会分裂の当事者である（もちろん『アウグスブルク信仰告白』等、分裂回避の努力を続けてはいたが……)。プロテスタント内部でのたび重なる分裂、いや更に今日、最も問題視されているルターにおける(農民戦争時の)農民への態度や、ユダヤ人そしてトルコ人(イスラム教)への無慈悲ともみえる態度等々、まさにルターにおける負の遺産である。ここではその個々について論述できないが、結局、何が問題なのか。自己への絶対化ではなかろうか。神は絶対だとしても(それが「神」の定義である)、その神を信じている者(その人の信仰)は絶対ではない(まさに、ここにいわゆる「キリスト教絶対主義」の問題点がある)。もちろん私は、ルターやキリスト教会を責めているのではない。すべての人が多かれ少なかれそうであり、すべての宗教がそうなのだ。その上に立って、さて、どう考えるべきか、なのである。

ところが、ここに来て驚くべき光がさしてきた。ローマ・カトリック教会の第二ヴァチカン公会議である(一九六二―六五年)。二〇世紀はじめからプロテスタント内部では教会再一致運動(エキュメニカル運動)が押し進められてきたが、この第二ヴァチカン公会議こそ試合を決する大ホームランであった。以後、ルター派とカトリックとに限っていっても、『義認の教理に関する共同宣言』(一九九九年)、宗教改革五〇〇年をみすえての『争いから交わりへ』(二〇一三年)、そして二〇一六年のスウェーデンのルンドでの共同礼拝、更には日本では二〇一七年の浦上での共同礼拝等々と、目に見える前進を続けている。

五〇〇年前の負の遺産にもかかわらず、エキュメニズムは前進している。そして、ここで更に考えるべきは、前述したことだが、エキュメニズム概念の拡張である。すなわち狭く「キリスト教間再一致」からその真意を掘り下げて「諸宗教間対話」へ、更に掘り下げて「人類的共生」へと向かうべきであろう。なぜならエキュメニズムとは根本的に言えば「共生」ということだからである。

3　三つのEと「三位一体論」

キリスト教の教理の二つの柱は、「三位一体論」と「キリスト両性論」だが、ここでは三位一体論と三つのEとの関連について考えてみたい（「キリスト両性論」については、恩寵義認と関係づけて考察。後述）。三位一体論に関しては、東方教会では主として「内在的三位一体（immanente Tainität）」、西方教会では「経倫（エコノミー）的三位一体（ökonomishe Trinität）」として形成されていった（四世紀）。父・子・聖霊がいわば神の内的構造を形づくっているが、これが「内在的三位一体」である。そして、かかる内的構造を持った神が、父なる神として、子キリストとして、そして聖霊として人間世界に関わるあり方、これが「経倫（エコノミー）的三位一体」である。そのようにして神は世界に関わり、創り守り支える、つまり統治する。まさに神のオイコノミア（エコノミー、経倫）である。

しかし、ここで私は少しちがうことを考えている。三つのEと関わって、三位一体論を考えればどうみえてくるだろうか、という問題である。メモ風なことしか言えないが、次のようなことである。まず結論を先に記しておけば、エコロジーは父なる神と、エコノミーはキリストと、エキュメニズムは聖霊と関わる。どういうことか。

父なる神とは、被造世界を全く「超越」しており、被造世界を創造するのである。つまり神こそ全被造物（自然そしてその自然の一部である人間）を創るが、エコロジーとはその全自然の生態の論理なのである（神学的に言えば「創造の秩序」）。そしてキリストとは、（「神人」であるゆえ）神と人との「媒介」であり、それゆえ被造世界を救済する（守る）のである。つまりキリストこそこわれた（罪！）世界を守るが（救済！）、エコノミー（経倫）とは本来その救済のあり方なのである（神学的に言えば「救済の秩序」）。更に聖霊とは、被造世界に「内在」し、被造世界を保持する（支える）のである。つまり聖霊こそ神と人とをつなぐ場を支えているのであるが、エキュメニズムとはその支えの場の本来のあり方、つまり共生のことである（それを私は「共生の秩序」と呼びたい）。

三　恩寵義認(4)

1　Sola gratia ―― 信仰義認論への誤解

ルターといえば、信仰義認という言葉が返ってくる。信仰によって義とされる（救われる）、という意味あいである。したがってルターの標語といえばsola fide（信仰のみ）ということになる。しかし、こうした言い方は誤解をまねきやすいし、事実誤解されている。どういう誤解かと言えば、これでは義とされる（救われる）のは結局その人の信仰（力）による、つまりその人の信仰の有無、多寡によって人間が救われるかどうかが決するということになる。つまり人間の自力によって救済が決まる。しかし、これではルターの神学的主張の一八〇度逆である。ルターが言いたかったことは、人間の救いは神による絶対他力（これが恵みである）によるということである。人間の信仰心であれ、善行であれ結局同じことで、そうした人間の力（自力）では人は救われない、ただ神の恵みあるのみ（sola gratia）、そこでその恵みを受けとる（これが信仰）ことを通して救われる、これがルターの義認論である。

誤解をまねきやすい「信仰義認」という四文字熟語ではなく、たとえば『アウグスブルク信仰告白』の第四条「義認」の項にははっきり次のように書いてある。「われわれは恵みにより（aus Gnade）、キリストのゆえに、信仰を通して（durch den Glauben）、罪の赦しを得、神の前に義とされる」（ちなみにドイツ語にも英語にも「信仰義認」という単語はない。ドイツ語や英語ではいうなれば「信仰を通しての義認」ということで、die Rechtfertigung durch den Glauben, justification by faith である)。

問題は単純である。人が救われる(義とされる)のは、神の「恩寵」によってであり、人の「信仰」によってではない。人間は信仰力であれ善行力であれ全くの無力であるからこそ、神のただひたすらなる恵みによってのみ救われるのである。人間はそのようにできている。つまり救いは神の無償無条件の贈与(プレゼント)、つまり恵みのみによるのであって、それ以上でもそれ以下でもない。sola gratia! 実に単純な事実である。

若き日の「塔の体験」によって、ルターはそのことを改めて発見したのである。神の義(つまり神の救い)とは、人が自力で獲得するものでなく、神より与えられるものである、という発見。「受動的な神の義」の発見である。そしてこれがまさに「宗教改革的転回」なのであり、改革運動すべての原動力となったのである。その意味でルターこそ、神の恵みの贈与を説いた「贈与の神学者」と言えよう。

そこで私の提案。「信仰義認」という誤解されやすい言い方でなく、ルターの真意をストレートに表現して「恩寵義認」と言うべき、と提案したい(もちろんこれはルターの主張に従ってというよりも、このことこそが聖書が、ということはキリスト教が語っていることなのである)。

2　信仰、中動態、「一人のキリストになる」

人は神の恵みによって救われる。そして、その恵みを受けとること、これが信仰であった。つまり人は信仰によって救われるのではない、信仰を通して救われるのである。微妙なところだが、そこを更に考えたい。つまりルターの信仰論について考えてみよう。ルターの信仰論については留意点が二つある。第一点は神の働きと人の確信の関係。第二点は信仰と善行の関係である。

まず神の働きと人の確信の問題。この問題に関してはルターの『ロマ書序文』にきわめて明確に記されている。そこでは信仰と言うことがわかりやすく二段階に分けて説明されている。第一に「信仰とは、我々のうちにおける神の働きである」。つまり信仰とは神のわれわれ人間への贈り物・恵みなのである。そして第二に「信仰とは、〔そうした〕神の恵みに対する〔われわれ人間の〕生きた大胆な〔神への〕信頼である」。つまり、われわれ人間の確信である。言葉をかえて言えば、神がまず人間を受け容れる（恵み）、そしてその神に受け容れられたことを次にわれわれ人間が受け容れるのである。このプロセスが信仰である（ちなみにP・ティリッヒは、このことを「受容の受容（accept acceptance）」と言っている）。

次に信仰と善行の問題。上述のように信仰とは、一言でいえば神の恵みを受け容れることである。つまり信仰の根本性格は「受動性」である。しかし次の問題として、その「神の前（coram Deo）」での受動性は、「人の前（coram hominibus）」では能動性となって展開していく。それがルターが力説した信仰と善行の問題であった（いわゆる「行為義認」に対するルターの批判）。この問題に関しては『キリスト者の自由』冒頭の二つのテーゼが雄弁に説き明かしている。

二つのテーゼとはこうである。「キリスト者とは、すべての者の上に立つ自由な君主である」、そして「キリスト者とは、すべての者の下で奉仕する僕である」。つまり、こういうことである。「神の前」に立つ人間は受動的に神によって受け容れられ義とされ救われたがゆえに、他の人々に対して「自由な君主」である。そしてそれが同時にまた「人の前」に立つ人間としては、神に義とされ救われたがゆえに、他の人々に対して能動的に愛の業に励む「奉仕する僕」となるのである。信仰の受動性が、人々の間では愛の働き（善行）の能動性となって展開していくのである。というわけでルターの信仰論をまとめれば「受動的能動性の信」ということになろう。

さて、この「受動的能動性の信」ということを、少し別の視点から考えてみよう。中動態の問題である。上述のように信仰の根本性格は能動性（「私が、神を、信じる」）ではない。むしろ受動性である。とはいえ「私が、神に、信じられる」という受動性ではない。確かに神が無条件に人に恵みを与えているると言うことは、あえて言えば人間を神が信用している（信じている）とも言えようが、それは「私が、神に、信じられる」という事態では全くない。つまり信仰ということは、率直に言っていわゆる受動性とも、ましてや能動性とも言えないのである。では、何であろうか。

　ここで文法を持ち出せば、そもそも三つの態があるといわれている。能動態（active voice）、受動態（passive voice）、そして中動態（middle voice）である。「見る」が能動態、「見られる」が受動態、そして「見える」、これが中動態である。「私が、見る」でもなければ、「私が、見られる」でもなく、「私に、見える」、これが中動態である（たとえば「私に、山が、見える」）。この中動態において、主体たる「私」が、主体ではなく、「私に」というようにいわば「場所」になっている。西田幾多郎は「場所的自己」という哲学用語を作り出したが、まさに「私（自己）」が「場所的自己」になっているのである。

　さて、そこで私が言いたいことは、信仰とはたんに受動性でもなければ能動性でもない。言うなれば中動性の出来事ではないか、ということである。中動性の出来事としての信。つまり、私という場所に、神の恵み（キリスト）が贈与され、それゆえにその私にキリストが信じられるのである。これが信仰ということではないか。再度くり返せば、信仰とは「私が、神を、信じる」のではない（そもそもそんな信仰力など人間にはない！）。また「私が、神に、信じられる」のでもない（言うまでもなく、人間などどのような人であれ、信じられるに値するはずがない！）。そうではなくて、信仰とは「私に、神が、信じられる」のである。中動性の出来事なのである。

「私に、神が、信じられる」。私という場所に、神が恵みを無条件に贈与する、それゆえ私は神を信じる（信じることができる）のである。私という場所に恵み（キリスト）が与えられ入ってくるのである。それゆえにこそ、パウロは次のように語ることができたのではなかろうか。ガラテヤ書二章二〇節である。「生きているのは、もはやわたしではありません。キリストが私の内に生きておられるのです」。わが内なるキリストである。

ルターも同じことを高らかに語る。『キリスト者の自由』こそがルターの主著の一つだが、その結論は次の一語につきる。「一人のキリストになる」。丁寧に引用すれば、ルターはこう語る。「キリストが私のためになって下さったように、私もまた私の隣人に対して一人のキリスト（Christum）になろう」（WA.7, S.35）。一人のキリストになる。それはパウロの言葉を使えば、「キリストがわたしの内に生きている」からである。ルターとパウロは同じことを語っている。

ルターの信仰論を一言でいえば「受動的能動性の信」とまとめることができた。それは別の表現でいえば「中動性の出来事としての信」ということである。私に、神が、信じられるのである。私という場所に、神の恵み（キリスト）が贈与され入ってくるのである。それゆえ、生きているのはもはや私でなく「内なるキリスト」であり、したがって私は「一人のキリストになる」。そして、このような事態（出来事）が、神の恵みによって義とされ救われるということ、すなわち「恩寵義認」ということである。そしてつまり、これがルターの原点（核心）なのである。私は一人のキリストになる。

3　恩寵義認と「キリスト両性論[5]」

キリスト教教理の二本柱の一つ「キリスト両性論」と恩寵義認論を関連付けて考えてみたい。恩寵義認、それは恵みによって義とされ救われるということであるが、その具体的帰結は、パウロに即して言えば「内なるキリスト」であり、ルターに即して言えば「一人のキリストになる」ということであった。

さて、「一人のキリストになる」とは、私の内にキリストが生きていることであり、私が一人のキリスト（神人）になるのであるから、言うなれば「神即人」と言ってよい（しかし「神即人」といっても、ここでは詳述できないが、それは中世神学でいう「神秘的合一（unio mystica）」ではない。ルター神学の用語を使えば「キリストとの一致（conformitas Christi）」ということになろう）。ここでいう「神即人」の「即」は、滝沢克己がきわめて正確に定式化した「不可分・不可同・不可逆」の「即」である。つまり、神と人とは分離することができず、と言って同一であることもありえず、かつ神と人との位置を逆にすることもできない（もちろん神が主で、人は従であるという）という意味あいにおける「即」である。それを滝沢は「インマヌエル（神は我々と共におられる）」と、聖書の言葉（マタイ一23）で表現した。要するに、神の恩寵の下、人間存在は「神即人」なのである。

さて、「キリスト両性論」とは「カルケドン信条」（五世紀）で決着をみたが、キリストは神性と人性の両性をあわせもった「真の神であり真の人（Vere Deus, vere homo）」、つまり「神人（Theoanthropos）」であるという教理である。しかし更に考えてみれば、この「キリスト両性論」は一体そもそも何を語っているのであろうか。あの二千年前のナザレ人イエスという一実存が、たんなる「人間」ではなく実は「神人」だったということだろうか。しかし、たんにそういうことであれば、それを認識し告白する者にとって一体、何の意味があるのだろうか。せいぜい驚いたということでしかない。しかし、キリストが「神人」であるということの真意は、そういうことではなくて、そもそもあのイエス・キリストを含めて人間存在の真実は何か、と言うことではなかろうか。

では、人間存在の真実とは何か。ここで改めてわれわれは恩寵義認の教えに注目するのである。人間とは何者か。人間は、神の無条件の恵みの贈与の下に生きる、つまり神の恩寵の下、まさに「神即人」なのである。キリストが「神人」であるとは、われわれ人間が神の恵みの下、「神即人」として生きるということを照らし出しているのである。まさに「インマヌエル」（マタイ一23）であり、「内なるキリスト」（パウロ）であり、「一人のキリストになる」（ルター）と言えるのである。

もう一度、まとめておこう。「キリスト両性論」が、あのナザレ人が「真の神・真の人」であったと認識するだけであるなら、それ自体意味はない。驚いたところで何の意味があろうか。しかし、そういうことではなくて、そのように認識し告白することを通して、その人が「一人のキリストになる」ことにこそ意味がある。そして、人が「一人のキリストになる」のは、神の無条件の恵みによる、つまり恩寵義認のゆえなのである。

四　まとめ——贈与と共生

宗教改革五〇〇年の年の、私の問題意識はルターの原点と可能性とは何か、であった。原点については「恩寵義認」をめぐって、そして可能性については「三つのE」に関連させつつ考えてきた。

神の恩寵の下に人は生き、そして死ぬのである。神の無償の贈与（いや、贈与とはそもそも無償である）。恩寵義認である。キリストの十字架の啓示とは、その事を指し示す。したがって人は神の贈与に生きる。そして「一人のキリストになる」。教会はそのために存在する。贈与である。

人が存在し生きるとは、「住む（オイケオー）」ということである。神は人が住む世界を創った。神のすばらしき創造世界である。しかし今や、エコロジー的にも、エコノミー的にも、そしてエキュメニズム的にも、われわれ人間は追い詰められている。それがフクシマの「啓示」であった。今、改めて「神のすばらしき創造世界」を味わわねばならない。共に生きねばならない。共生である。

贈与と共生。ルターの原点と可能性を考えたとき、この贈与と共生こそがポスト近代を生きるわれわれの課題ではなかろうか。

注

（1）「三つのE」については、本書四章参照。
（2）菱刈晃夫「格差社会とルター」『メランヒトンの人間学と教育思想』成文堂、二〇一八年、及び、大澤真幸『社会は絶えず夢を見ている』朝日出版社、二〇一一年、とくに一一九頁以下、参照。
（3）マックス・ウェーバー『プロテスタンティズムの倫理と資本主義の精神』大塚久雄訳、岩波文庫、一九八九年、一八三頁。
（4）恩寵義認については、本書三章参照。
（5）本論文では「キリスト両性論」を、「恩寵義認」と関連させて論ずるが、本書七章では、ルターの「聖書のみ」（→「キリスト中心性」）と関連させて論じている。

六章　ルター・プロテスタンティズム・近代世界

一　宗教改革五〇〇年を記念する

一五一七年一〇月三一日、ヴィッテンベルクのシュロス教会の門の扉に、マルティン・ルターが『九五ヵ条の提題（贖宥の効力を明らかにするための討論）』を掲示した。そして、ここから宗教改革運動が始まったと伝えられている。それから五〇〇年。二〇一七年にわれわれは、宗教改革五〇〇年の記念の年を迎えた。

宗教改革五〇〇年を記念することの意味は、どこにあるのか。より一般的に言って、そもそもわれわれが、歴史の中のある出来事や事象を記念するとは、一体どういうことなのだろうか。イギリスの歴史家E・H・カーは、歴史とは過去との対話であると語った。(1) しかし、私はE・H・カーのテーゼを少し修正して言い換えたいと思う。と言うのは、「未来の倫理学」を唱えたドイツの哲学者ハンス・ヨナスも言うごとく[2]、われわれ人間は過去を振り返るばかりでなく、むしろ未来に対してこそ責任を持つ存在であるからである。それゆえ次のように言うべきだと思う。すなわち、歴史とは過去と、そして未来との対話である。

つまり宗教改革五〇〇年を記念することの意味は、五〇〇年前の宗教改革運動の意義を改めて問うことのみならず、むしろわれわれの現在を、そしてわれわれの未来を問うことにこそあるのである。

ところで宗教改革五〇〇年を記念し考えるに際して、もう一つ留意すべきことがある。それは一九八三年に祝われたルター生誕五〇〇年と二〇一七年の宗教改革五〇〇年のちがいということである。ルター生誕五〇〇年を記念するということは、いうなればルター、あるいはルター主義を改めて問い考えるということであった。しかし、宗教改革五〇〇年を記念するということは、むしろその上に更に、ルター主義をその中心に含むプロテスタンティズム全体を改めて問うということであり、更にはプロテスタンティズムがその一つの思想的軸となって展開されてきた近代世界を改めて問うということでもある。

それゆえ宗教改革五〇〇年を考えるに当たってのわれわれの課題は、次の三点ということになる。第一にルター、第二にプロテスタンティズム、そして第三に近代世界。以下、本論考においてこの三点について考えてゆこう[3]。

二　近代世界

近代世界とは何か。いろいろな視点から、いろいろな答えを導き出すことができよう。しかし、ここではごく一般的に挙げられる幾つかの点を指摘しておこう。近代世界とは何か。まず第一に、市民社会の成立である。そして第二に自然科学の発展である。更に市民社会の成立に関してより内容的に言うと、人権思想（つまり「自由・平等・博愛」の理念とその制度的表現としてのデモクラシー）と市場経済（資本主義）の問題、と言うことになろう。

1　近代の始まりとキリスト教

近代はいつから始まったのか。諸説がある。ここではキリスト教に視点を据えて考えてみる。近代はいつから始まったのか。この問題をめぐっては、一八世紀から一九世紀にかけて活躍した哲学者ヘーゲルと、その一世紀後の神学者トレルチとの対立する見解が有名である。

ヘーゲルは、ルターと宗教改革こそが近代の始まりだと言う。宗教改革は「中世のおわりに見えてきた朝の光につづく、すべてを照らす太陽」（『歴史哲学講義』）であり、[4]「ルターとともにはじめて、精神の自由がその核心において自覚されはじめたのである」（『哲学史講義』[5]）、そしてかかる内面的宗教的自由（ルター）が市民的政治的自由（フランス革命）に展開し近代社会が登場した、とヘーゲルは主張。つまりヘーゲルによれば、近代は「ルター的自由」より始まるということになる。

このヘーゲルの主張に対して、トレルチは異論を唱える。有名な「トレルチ・テーゼ」である。それによれば、ルターと宗教改革は中世に属するのであり、近代は一八世紀の啓蒙主義から始まる。したがってプロテスタンティズムもそれにともなって質的に変化し、前者を古プロテスタンティズム、後者を新プロテスタンティズムと呼ぶ。それゆえトレルチは、ルターとは「内面化され個人化され市民化された中世末期である」と言う。つまりトレルチによれば、近代は人間理性が土台となる啓蒙主義より始まるということになる。

もちろん、どちらが正しいということではない。近代をどう理解するか、という視点が異なっているため、それにともなって近代の始まりをめぐって両者の解釈が異なっているということである。しかし、いずれにせよ、近代世界の成立にキリスト教が、とりわけルターと宗教改革が大きく関与しているということは、ヘーゲルであれトレルチであれ確認できる。(6)

2　近代の人類史的意味

近代とはいかなる時代か。近代という時代が画期的であるとするならば、それはどのような意味においてであろうか。いうなれば、近代という時代の人類史的意味はどこにあるのか、という問題である。ここでは、社会学者見田宗介の現代社会論を紹介しておきたい[7]。キーワードは無限性と有限性である。

現代社会とは「情報化＝消費化資本主義」である、と見田は言う。すなわち、情報によって消費の無限の拡大を作り出す自己創出のシステムである。つまり、このシステムは「無限」を前提にしている。生産と消費の無限拡大。どこまでも拡大成長する、まさに成長神話。それが地球全体をおおう。グローバリズムである。

しかし、と見田は言う。しかし、現実は本当は「有限」なのだ。資源の有限性、廃棄物排出の限界性。つまり、このシステムの虚構の「無限性」は、現実の「有限性」にぶつかって破綻せざるを得ないのである。そもそもグローバル・システムとは何か。グローブ（球）は、どこまで行っても際限はないが（無限！）、それでもひとつの閉域（有限！）である。つまり「グローバル・システムとは、無限を追求することをとおして立証してしまった有限性である[8]」。

さて、こうした歴史の現実をどのように考えたらいいのだろうか。ここで見田は、この歴史の現実を「ロジスティックス曲線」に当てはめて考える。ロジスティックス曲線とは「一定の環境条件の中に、たとえば孤立した森の空間に、この森の環境要件によく適合した動物種を新しく入れて放つと、初めは少しずつ増殖し、ある時期急速な、時に「爆発的な」増殖期を迎え、この森の環境容量の限界に接近すると、「再び増殖を減速し、やがて停止して安定平衡期に入る[9]」というS字型の曲線（図1）のことである。

このロジスティックス曲線を人間の歴史に当てはめると（図2）、はじめはつまり原始社会は横ばいの定常期、次に増殖期、これが文明社会であるが、とりわけ急激な爆発期、これがまさに近代社会なの

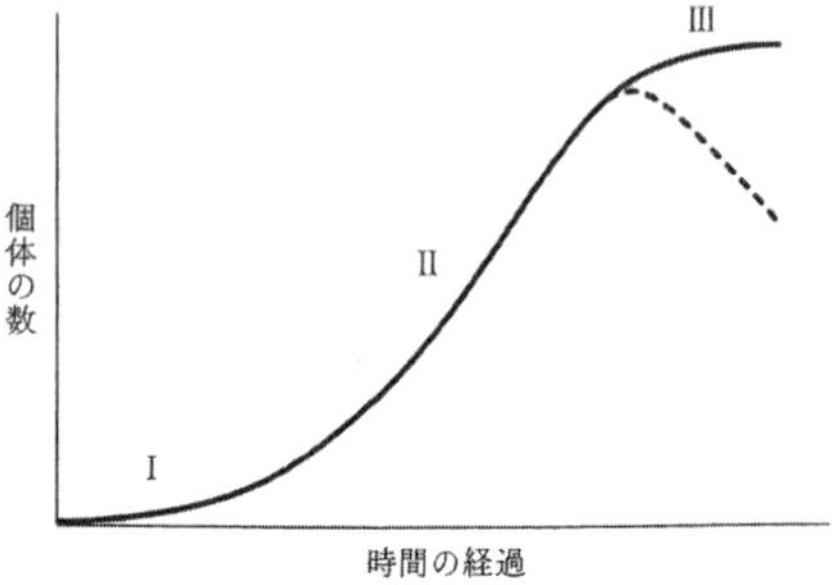

図1　ロジスティックス曲線（『定本　見田宗介著作集 I』岩波書店、2011年より）

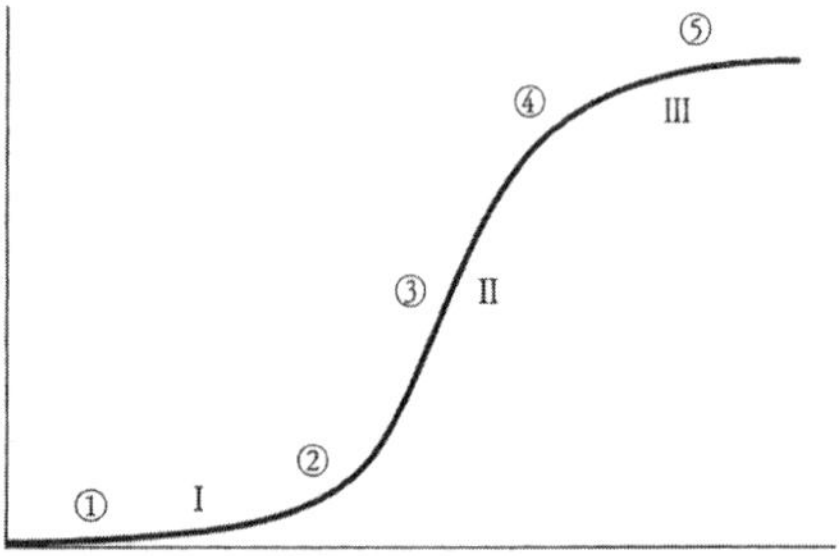

I	（定常期）	① 原始社会
I→II	（過渡期）	② 「軸の時代」
II	（爆発期）	③ 文明／近代社会
II→III	（過渡期）	④ 現代社会
III	（定常期）	⑤ 未来社会

図2　人間の歴史の3つの局面（『定本　見田宗介著作集 I』岩波書店、2011年より）

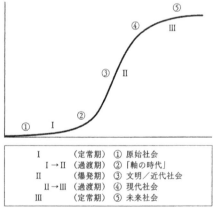

である。しかし、やがて人類はまた定常期に入る。これが近代の次の時代、つまり我々がいずれ迎える未来社会なのである、と見田は分析する。

要するに近代とは、ロジスティックス曲線（S字曲線）の、爆発的な大増殖期に当たるのである。

さて、そこで次に問題になるのは、定常期から増殖期（爆発期）に至る過渡期、また逆に爆発期から再び定常期に至る過渡期、これらの過渡期に何が起こっているのか、である。見田は、ドイツの哲学者カール・ヤスパースを援用して、次のように説く。よく知られているようにヤスパース（『歴史の起源と目標』）は、「軸（Achse）の時代」ということを言う。それは紀元前五〇〇年前後、全世界に同時多発的にその後の世界を決定づけるような巨大な思想家たちが出現した時代のことである。ソクラテス、イスラエルの預言者たち、仏陀、孔子。壮観である。

しかし、なぜこの時期（紀元前五〇〇年前後）に一斉にかくも巨大な思想が出現したのか。ヤスパースはわからないと言うが、見田は次のように考える。それは、この時期こそが、ロジスティックス曲線でいえば定常期から増殖期に至る過渡期なのであり、実は交易、都市、貨幣システムという文明の始動期なのである。つまり、この紀元前五〇〇年前後、人類は今までの狭い共同体の有限性から、世界の無限性に直面したのである。そして、その直面した無限への畏れと挑戦と構築が巨大な思想を生んだ。

そして更に見田は、この解釈を今度は増殖期（爆発期）から再び定常期に至る過渡期にも当てはめる。この場合の過渡期こそが、爆発期の近代から再び未来の定常期へと至る「現代」という時代なのである。ヤスパース的に言えば、第二の軸の時代とも言うべき時代である。つまり人類は無限性を前提としていた近代から、今度は世界の有限性に直面するのである。地球共同体という有限性。これが近代の終わり、つまり現代という時代なのであり、それゆえ今こそ、今度はこの有限への畏れと挑戦と構築が必要なのである。

以上が見田の無限性と有限性をめぐる現代社会論であるが、近代という時代の人類史的な位置が鮮明に理解できよう。近代、それは人類史的に言えば、生産も人口もその他諸々、無限であると想定された爆発期だったのである。しかし、やがて有限性に条件づけられた定常期という未来がやってくる。現代はその過渡期なのだ。そしてこの過渡期、つまり近代の終わり、すなわち現代、人類は自らの有限性に手痛く目覚めることとなる。

3　カイロスとしてのフクシマ

二〇一一年三月一一日、東日本の太平洋岸一帯を地震・津波が襲い、それに伴って福島第一原子力発電所が爆発した。間違いなく、文明史上最大の災害である。原子力エネルギーを使うこと、これは近代の一大特徴である科学技術の今日的到達点である。人類はとうとう原子力エネルギーを使うレベルにまで達した、無限の可能性が開かれている……と人々は考えた。

しかし、その原発が爆発したのである。想定されていた無限を前に、人類は世界の有限性に手痛く直面したのである。原子力エネルギーの場合、ひとたび事故が起こると、人間はそのリスクを制御できない（リスク社会）。放射能による、空間的に言えば地球全体の汚染、時間的に言えば未来世代に受け継がれていく遺伝子の細胞の損傷、残存し続ける放射性廃棄物。フクシマは人類を有限性の前に立たせた。

それゆえ、ここで改めて考えるべきは、原子力とはそもそも何か、という原理的問題である。私は、ここであえて「原子力の原理的特異性」という言葉を使いたいと思う。原子力とは一体何か。二つの角度から考えてみたい。一つは、原子力エネルギーとその他のエネルギーの根本的違いということである。もう一つは、原子力エネルギーと地球生態圏との関係である。前者はたとえば高木仁三郎のような原子力の専門家が語っていることであり、後者は中沢新一が力説していることである。それゆえ、ここでそれらを総称して原子力の原理的特異性をめぐる「高木＝中沢テーゼ」と呼んでおく。

さて、原子力の原理的特異性とは、どういうことか。まず、「原子力エネルギー」と「原子力以外のエネルギー」は、そもそも原理がちがうという問題である。このことは原子力の専門家にとっては常識だが、事の重大性がひろく理解されていないように思える。物質の最小単位は「原子（アトム）」だが、その原子の構造は、「原子核」の周りを「電子」がまわっている。従来のエネルギー、つまり火から石炭・石油に至るまでの「原子力以外のエネルギー」は、原子核の周りをまわっている電子の変化による化学反応のエネルギーであった。したがって原子核そのものは安定しており、放射能は出ない。

ところが「原子力エネルギー」は違う。「原子力エネルギー」は、原子核が融合したり分裂したりする、原子核そのものの変化による物理反応のエネルギーなのである。原子核が物理的に融合したり分裂するのだから、そこに莫大なエネルギーが現出し、そして放射能が出るのである。このように「原子力エネルギー」と「原子力以外のエネルギー」は、同じエネルギーでもそもそもの原理が全くちがう。[10]

次に原子力エネルギーと地球生態圏の関係についてである。このことについては中沢新一が明解に説く。[11]人間を含め植物、動物などすべての生命体は、生態圏の中で生息する。それは、地球の表層部を覆う厚さわずか数キロメートルの薄い層なのである。しかし、そこであらゆる生物が生命を営み、生命進化が起こってきた。まさに生命の世界である。

ところが、地球生態圏の外部の太陽圏では、太陽が「原子核」の核融合による高エネルギー（つまり、原子力エネルギー）を発し続けている。莫大なエネルギー。だが放射能が出ており、それは物質をいとも簡単に貫通するゆえ、生命は生きてゆけない。

それに対し、生態圏には、そもそも例外をのぞいて原子力エネルギーは存在しない。生態圏の中でのエネルギーとは、太陽エネルギー（つまり核融合によるエネルギー）が、植物の光合成を経て、つまり

「媒介」を経て、生態圏にもたらされたものなのである。これが太陽光、水力、風力、石炭、石油などなど従来の「原子力以外のエネルギー」である。媒介を経たエネルギー。

　ところが、「原子力エネルギー」とは、そのように生態圏に本来ないはずのものを、生命の世界に直接（つまり無媒介的に）持ち込んだものなのである。原子核そのものの変化（核分裂！）による高エネルギーを生態圏で人工的に直接つくる。莫大なエネルギーと、そして放射能が出る。これが原爆であり、原発である。

　つまり、地球生態圏以外の宇宙空間は、原子力エネルギーの世界であり、放射能に満ちており、生命は存在できない。逆に地球生態圏には原子力エネルギーは本来なく、したがって生命の死を招く放射能もなく、そこで生命の営みがなされてきた。したがって「原子力の原理的特異性」と言うよりも、宇宙全体から見たら、むしろ地球のことを生命の惑星として、「地球の原理的特異性」と言うべきかもしれない。

　ともあれ、放射能に曝されては生存し得ないという有限性を刻印された生命が生きるという特異性に満ちた、この地球環境こそが、「神はお造りになったすべてのものを御覧になった。見よ、それは極めて良かった」（創世記一31）という「神のすばらしき創造の世界」なのである。生命の世界なのである。ところが原子力エネルギーは、この神の定めた「創造の秩序」を壊す。[12]「原子力は禁断の木の実」

なのである。[13]

しかし、我々はこの禁断の木の実に手を出した。原子爆弾がヒロシマとナガサキで爆発した。そして原子力発電所がスリーマイル島、チェルノブイリ、そしてフクシマで事故を起こした。近代という時代の、ある意味の到達点での破局。それゆえティリッヒ的に言うならば、まさにフクシマこそ、歴史が神と交差する、それゆえ実存の危機とその超克が呼び覚まされる決定的な時としての「カイロス(kairos)」なのだ、と言える。

三　プロテスタンティズム

プロテスタンティズムについて概括的に論ずることは難しい。なぜなら「プロテスタンティズムは、いつの時代にも非常に多様なものであったし、変わり身の早さを特徴としてきた」（J・T・マックナイル）[14]。「プロテスタント思想の発展についての単純な一般化は、啓蒙時代以来、地球規模のプロテスタンティズムのなかに出現した多様性を考慮に入れれば、ほとんど意味をなさない」（A・E・マクグラス）[15]。つまり、プロテスタンティズムは多様なのである。様々な視点があり力点がある。

そこで本論考では、三人の論者のプロテスタンティズム論を取り上げる。マックス・ウェーバー、エルンスト・トレルチ、パウル・ティリッヒである。二〇世紀の思想界、神学界に大きな影響を与えた三人である。

1　ウェーバー――プロテスタンティズムと資本主義

ウェーバーの全仕事を貫く根本的テーマは、西欧近代の合理主義への問いである。その探究の中で、彼はプロテスタンティズムを問題にする。西欧近代を西欧近代たらしめているもの、それは合理性であるが、巨視的に見れば、かかる合理性を強力に推進していくところに世界宗教の存在の意味があった。すなわち太古の昔から人々がよりたのんできた「呪術」とは、人間を含む被造物の神格化に基づいているが、かかる呪術の世界を否定し「脱魔術化（Entzauberung）」し合理的体系を打ち立てるのが世界宗教である。こうした合理的体系の宗教的構築の展開として、ウェーバーは儒教、ヒンドゥー教、古代ユダヤ教と比較宗教社会学の視点で辿ってきて、近代合理性にまで至り、そこでプロテスタンティズムを問題にするのである。言うまでもなく、それが『プロテスタンティズムの倫理と資本主義の精神』である。

ウェーバーは、西欧における近代資本主義へと至る資本の蓄積について、世俗内禁欲による自己統制に基づく合理的な生活態度、すなわち勤勉な労働がその一つの動因であったとみる。そしてその世俗内禁欲のエートスは、まさにプロテスタンティズムの産物であった。すなわち、まず第一に「世俗性」についてはルターのベルーフ論が、そして第二に「禁欲性」についてはカルヴァンの予定説が、その世俗内禁欲のエートスを形づくる。ルターにおいて、神への召命（Beruf）が世俗の職業（Beruf）にまで拡大された。世俗性の確立。またカルヴァンの予定説ゆえ、人々は神の救いの予定への確証を求めて合理的な禁欲的生活態度へと赴いた。禁欲性の確立。人々は世俗の世界の中で勤勉によく働いた。資本の蓄積。ここから資本主義が展開していく。

さて、こうした資本主義の帰結はどうなったか。よく知られているように、やがて資本主義の精神のなかからプロテスタンティズムの倫理が脱色され、貪欲な営利の追求と「鉄の檻」のような合理性が帰結した。それゆえウェーバーは『プロテスタンティズムの倫理と資本主義の精神』の末尾を、次のような言葉で締めくくらざるを得なかったのである。すなわち、「こうした文化発展の最後に現れる『末人たち』にとっては、次の言葉が真理となるのではなかろうか。『精神のない専門人、心情のない享楽人。この無のもの（ニヒツ）は人間性のかつて達したことのない段階にまですでに登りつめた、と自惚れるだろう』と[16]」。

プロテスタンティズムがその一つの動因となった近代資本主義社会は、プロテスタンティズムの意図せざる帰結を迎えたのである。鉄の檻と末人たちの無の自惚れ！　このウェーバーの近代社会に対する認識は、マルクスそしてニーチェと酷似している。若きマルクスは、かかる事態を「疎外(Entfremdung)」と表現した(『経済学＝哲学草稿』)。自らの労働によって外化・対象化した物体が自立し、それを生産した人間を逆に隷従させること、つまり自己疎外である。ちなみにティリッヒ(『組織神学』第二巻第三部)は、キリスト教が語る「罪」を、この「疎外(estrangement)」という言葉で置き換えた。

ニーチェも近代の診断をめぐってウェーバーと認識を一つにしている。ニーチェは「ニヒリズム」と表現した。事実、ウェーバーが『プロテスタンティズムの倫理と資本主義の精神』の末尾に書き記した「末人たち(letze Menschen)」とは、ニーチェ(『ツァラトゥストラはこう言った』)からの引用である。

プロテスタンティズムの意図せざる帰結としての近代。ウェーバー、マルクス、ニーチェらの暗い診断と見通し。ところがこうした暗い診断とは異なる、もう一つの帰結論がある。D・ボンヘッファーの「成人化した世界(die mündige gewordene Welt)」論である。ウェーバーが「鉄の檻」、マルクスが「疎外」、ニーチェが「ニヒリズム」とまとめた、この近代の果ての「神なき」世界を、「神の前」で責任をもって「神と共に」生きること、これが「成人化した世界」であり、ここに希望があるとボンヘッファーは言う。どういうことか。ボンヘッファーは『獄中書簡集』のなかで次のように語る。(17)

「だいたい一三世紀に始まっている人間の自立の方向を目指す運動は、われわれの時代においてある種の完成に達した。人間はあらゆる重要な問題において、『神という作業仮説』の助けを借りることなしに自分自身を処理することを学んだ」。と言うのは、従来、人間にとって神とは困ったときに助けてくれる便利な「機械仕掛けの神（デウス・エクス・マキナ）」で、そうでない時は無関係な存在でしかない、いわば「後見人」のようなものであった。つまり人間はまだ子供であった。ところが「成人化した世界こそが、イエス・キリストによって要求されている」のである。つまり自分で自分自身を処理できる成人である。「神は、われわれが神なしに生活を処理できる者として生きなければならないことを、われわれに知らせる。われわれと共にいる神とは、われわれを見すてる神なのだ。神という作業仮説なしにこの世で生きるようにさせる神こそ、われわれが絶えずその前に立っているところの神なのだ」。それゆえ「神の前で、神と共に、神なしに（vor Gott, mit Gott, ohne Gott）」生きる。

ウェーバーは近代に対して、プロテスタンティズムの意図せざる「鉄の檻」と「末人たちの資本主義」に帰結すると暗い診断を下したが、ボンヘッファーは全くちがう洞察をしたのである。「成人化した世界」。これはもちろんカント（『啓蒙とは何か』）を参照しつつも、しかし「無のもの（ニヒツ）」そのものであるヒトラーへの抵抗運動を闘い抜いた者のみが持ちうる透徹した目と、更に多分に直観に満ちた未完の、しかしルターの思想に裏打ちされた深い洞察と言うべきであろう。未来の倫理と信仰がここにある。

2　トレルチ―キリスト教共同体の三類型

二〇世紀が始まろうとしていた。その直前、一八九六年、ドイツのアイゼナッハで神学者たちの討論会が開かれた。そこで開口一番、ある若き神学者がこう叫んだ。“Es wackelt alles!（すべてがぐらついている）”叫んだのは、ウェーバーの同僚、エルンスト・トレルチである。没落していく西欧近代、衰退していくキリスト教。これを誰よりも危機感をもって受けとめ、それゆえにこそ「キリスト教の絶対性」を問わざるを得なかった神学者である。「すべてがぐらついている！」。

トレルチの危機感の正体、それは言うなれば文化プロテスタンティズムの危機である。もちろん「文化プロテスタンティズム（Kulturprotestantismus）」とは、狭義にはリッチェルやハルナックらを代表とするキリスト教の倫理化に行きついたリッチェル学派（自由主義神学）のことであるが、ここではこの言葉を拡張して使いたい。つまり、シュライエルマッハーから始まる、いやあえて言えばヘーゲルから始まる、キリスト教（プロテスタンティズム）と近代文化との相互浸透の構想のことを文化プロテスタンティズムと呼んでおきたい。

危機感を共有しながらも、このキリスト教と文化との相互浸透を大ナタできっぱりと切断したのが

『ロマ書』(一九一九年)のバルトであった(危機神学、あるいは弁証法神学)。しかしトレルチは切断しなかった。何とかこの相互関係を生かしつつ、危機を乗り越えようと奮闘努力する。いわば文化プロテスタンティズムの最後の神学者である。

それゆえトレルチはプロテスタンティズムを問う。「近代世界の成立にたいするプロテスタンティズムの意義」、「ルター、プロテスタンティズムおよび近代世界」などなど。[18] トレルチは、カルヴァンから「禁欲的プロテスタンティズム」への系譜を評価しつつも、自らが置かれたドイツの現実の中で、ルター派の伝統に軸足を置いて思索した。そうした中で、キリスト教を問い、ヨーロッパを問い、近代を問い、歴史を問う。そして、「(ヨーロッパ)文化総合」の構想にたどり着く。キリスト教と近代文化の相互関連をふまえた全体的再建の構想である。

彼はそれに成功したか。後年、トレルチはハイデルベルク大学の「神学部」から、ベルリン大学の「哲学部」の教授に移る。と言うことは、彼は「挫折した神学者」なのだろうか。[19]

確かに、彼の仕事は未完に終わった。その道のりの途上に、錯綜したかつ深遠な、膨大な著作と思索が残された。そのなかの一つが、有名なキリスト教共同体の三類型論である。キルヘ、ゼクテ、ミスティーク(『キリスト教の諸教会と諸集団の社会教説』、一九一二年)。[20] トレルチは次のように言う。「キリスト教宗教理念の自己組織化は、初めから三つの異なる類型——もちろん初めのうちは未分化なままで混合していて、ただ漸次的に相互に独立化するに至るのだが――においてなされた。つまり、キルへ、ゼクテ、ミスティークの三類型である[21]」。

「キルへ（教会、Kirche）型」とは、公的な恩寵機関（Anstalt）である。公的であるためには、その前提としてコルプス・クリスティアヌーム（キリスト教一体世界、corpus christianum）が成立している必要があり、典型としては中世のカトリック教会がそうである。しかし政教分離が進んだ近代においては、もちろん「われわれの文化における純粋なキルへ型の命数はすでに尽きている[22]」。ただ理念としては生き続け、カトリック教会もプロテスタントの伝統的な教派の諸教会も、自らを「キルへ型」と位置づけてきた。

「ゼクテ（分派、Sekte）型」とは、信仰者の組合（Genossenschaft）である。宗教改革によって、カトリック教会からプロテスタント教会が分裂し、そこに分派が誕生する。このことによってキリスト教共同体はもはや公的であることはできず、理念上はともあれ事実上、カトリック教会も含めてすべて私的な「自由教会」となる。個人が自分にふさわしい教会を自由に選ぶのである。そしてかかるゼクテも成熟していくが、これが「デノミネーション（教派）」である。

「ミスティーク（神秘主義、Mystik）型」。わかりづらい名称だが、最も私的なるもので、個人の魂における神との交わり（の小グループ）である。しばしば「カルト」となる。とは言え、「神秘主義は近代人に固有な宗教となった」[23]とトレルチも言うごとく、このタイプにこそ現代人は心を寄せる。今日それは「スピリチュアリティ（霊性、spirituality）」と総称され、もはやキリスト教のある傾向というよりも多くの宗教・文化に見られる共通の傾向である。ヒッピー文化、ニューエイジ運動、精神世界やヨガなどのある種の心身医学や死生学の分野にもこの傾向が広がっている。[24]したがってトレルチが一〇〇年前、「ミスティーク型」を指摘したとき、いささか不可解な感じを与えたが、しかし今となっては予言の響きがする。

これら三つの類型を眺めてみたとき、現代において、公的な機関たる「キルヘ型」はもはや純粋な形では成り立たず、「ゼクテ型（自由教会・教派）」や「ミスティーク型（霊性）」のように今や一人一人が自分で自分の宗教を選択せねばならない。極端に言えば、ある人が自分に見合う宗教を選択し、そこに真理を見出しても、それは他の者にとって異端とうつる他ない。アメリカの宗教社会学者ピーター・バーガーは、この事態を「異端であることの不可避性」と呼んだ。[25]

さて、トレルチにおいて、いままで述べてきた宗教社会学的な分析は分析として、彼自身としては最後まで「キルヘ型」にこそ親近感を抱いていた。とは言え、現実には、キリスト教共同体は「キルヘ型」たりえない。諦念、これが彼の晩年の姿かもしれない。しかし、彼は未来のプロテスタンティズムに次のような課題を託したのである。トレルチは言う。「三つの社会学的根本形式の相互浸透と、これらすべてのモチーフを和解させる一つの形成物へとこれらを統合することの中に、プロテスタントの将来的課題が横たわっている[26]」。

キルへ的要素、ゼクテ的要素、ミスティーク的要素、これらがキルへ的要素を軸として一つの形成物として統合されたあり方を、トレルチは志向したのである。キリスト教共同体、つまり教会が「様々なキリスト教的精神が、平和に住みかつ活動することができるような容器（Gehäuse）になる[27]」、ここにプロテスタンティズムの未来がある、とトレルチは語ったのである。

3　ティリッヒ―プロテスタント原理

トレルチは、（広義の）文化プロテスタンティズムの最後の神学者であった。さて、そのトレルチと問題意識を深く共有していたのが、パウル・ティリッヒである。近代文化とキリスト教という問題。しかしトレルチが一九世紀から二〇世紀にかけて生きその中で、両者の全体的再建を願って神学したのに対し、ティリッヒは近代文化の崩壊にせよ、プロテスタンティズムの無力にせよ、言わばその答えが出てしまった第一次大戦の後から出発し第二次大戦後まで、つまり二〇世紀の真っ只中で生き神学したのである。新たな局面である。

ティリッヒは「文化の神学」を構想する。「文化の実体は宗教である」という立場から、現実の生きた文化が発する問いを、キリスト教ががっしりと受けとめ答えを出す（「相関の方法」）。これがティリッヒの神学である。

ティリッヒはプロテスタンティズムについて果敢に論じる[28]。そこで提起されたのが、有名な「プロテスタント原理とプロテスタント時代の区別」というテーゼである。「プロテスタント時代ではなく、ただプロテスタント原理が永遠に持続する」[29]。つまり、プロテスタント時代、すなわち近代が終わっても、プロテスタント原理は続く。いや、このテーゼはそれ以上のことを語る。プロテスタント時代やプロテスタント的現実や道具立て（教会制度や教義や、更には聖書さえも）でなく、プロテスタントの原理こそが大事なのである。

では、プロテスタント原理（Protestantisches Prinzip）とは何か。神の恵みは有限的形態（教会や教義やサクラメントや聖書）において現れるが、それはあくまで有限的形態であって恵みそのものではない。有限的形態を神的形態としてしまうこと、それが偶像である。したがってティリッヒは次のように言う。「プロテスタンティズムは神の絶対的尊厳を肯定し、教会のであれ世俗のであれ、人間のいかなる絶対的真理や権威の主張に対しても、預言者的な異議を申し立てる」[30]。かかる異議申し立て（プロテスト）、これがプロテスタント原理である。ゴンザレスは次のように簡潔にまとめている。「教会であれ、位階制であれ、祭儀であれ、更には聖書であれ、どのような被造物にも最終的で絶対的な権威を認めることに対するプロテスタントの抵抗[31]」。これがティリッヒのいうプロテスタント原理なのである。

では、このプロテスタント原理の根拠は何か。いわば「プロテスタント原理」の原理（根拠）は何か。信仰義認である。ティリッヒは、どこまでもルターの思想を考え抜く。信仰義認（つまり私の用語で言えば恩寵義認）。人間の業や力ではない。どこまでも神の恵みによってのみ信仰を通して義とされる。したがっていかなる被造物にも最終的権威はない。それゆえティリッヒは言う。「信仰による義認の教理から由来したところのプロテスタント原理」、「われわれは恩恵によってのみ義とされる[32]」。

さて、そうしたプロテスタント原理は、現実には批判の原理として、かつ形成の原理として機能する。ティリッヒは次のように言う。「形成とは形体（Form）を創造する力である。そして、プロテスタンティズムは形体に対する抗議（Protest）である[33]」。すなわち、宗教改革（Reformation）は再―形成（Re-form）であり、かつプロテスタンティズムは形体に対する抗議・批判（Protest）でもあるのである。

つまり、プロテスタント原理、それは「批判の原理」である。預言者的批判であり抗議である。それは人間の自律的な近代文化への批判であり、乗り越えである。したがってその批判はティリッヒ的に言えば「神律（Theonomie）」に基づく。また、プロテスタント原理は神律に基づくゆえ、その根本には神の恵みの力こそが働いているのであって、かかる恵みの力によって現実が、つまりこの世界がそして教会や信仰が形成されていくのである。つまりプロテスタント原理こそはまさに「形成の原理」でもある。

四　ルター

ルターの信仰思想の核心、それは言うまでもなく「信仰義認（die Rechfertigung durch den Glauben)」である。もちろんルター（及びルター主義、あるいはプロテスタンティズム）に関して、様々な特徴づけがなされてきた。「信仰のみ・恵みのみ・聖書のみ」という特徴づけ、あるいは「信仰義認・聖書原理・万人祭司」を三大原理と言ったりする。また、A・トヴェステンは「聖書原理」を形式原理、「信仰義認」を内容原理と表現した。

しかし、これらすべての中心に「信仰義認」の教えがあることは間違いない。それゆえルターは、信仰義認の教えについて「この信仰箇条とともに、教会は立ちもし、倒れもする」(WA. 40. III, S.352)と語ったのである。

1　恩寵義認

ルターの信仰思想の核心は「信仰義認」である。しかし、ある種の誤解がある。誤解が蔓延している。と言うのは、信仰が、「信仰」という名の「よき業」と事実上なってしまっており、結局、「行為義認」に陥ってしまっているからである。人は「信仰によって」義とされるという場合、人が義とされる（救済される）のは「信仰によって」、つまり信仰が原因となって義とされる、と理解されてしまうのである。つまり、義認（救済）の原因はその人の信仰であり、その結果として義認が生じる、と考えられている。これは誤解である。これでは「信仰義認」と言いつつも、「行為義認」と事実上、同じである。両者ともども、結局、人間の力により頼んでいる。

では「信仰義認」とは、どういうことか。ルターにおける信仰義認論の確立は「宗教改革的転回（der reformatorische Durchburch）」、あるいは「塔の体験」といわれているが、そこでは「神の義（iustitia dei）」が問題であった。結論的に言えば、ルターは、ローマの信徒への手紙一章一七節の解釈に基づいて、「受動的な神の義（iustitia dei passiva）」を再発見したのである。神の義が（人間にとって）受動的に贈与されることによって、その人は義と認められるのである。神の義は恩寵として、神によって与えられるのである。これが義認である。つまり、義認の原因は神の「恩寵」であって、決して人間の「信仰」ではない。主導権はあくまで神にある。その神の恩寵（神の義）を人間は「信仰を通して」受け取るのである。その意味で、「信仰によって」義とされると言うのである。人間はあくまで受動の立場である。しかし、それはルターに言わせれば「喜ばしき受動性（ein frolich leyden）」である[34]。

つまり「信仰義認」とは、正確に言えば、神が自らの義を人間に与え、その義を人が信仰を通して受け取ることによって、神に義と認められる（救済される）ということである。あくまで義認の主導権（原因）は、神の「恩寵」である。したがって、従来、われわれは「信仰義認」という言い方をしてきたが、事柄に即して言うならば、むしろ「恩寵義認」と言うべきなのである。

2　信仰

信仰義認とは、その内実に即して正確に言えば、「恩寵義認」である。義認の原因は、あくまで神の「恩寵」である。その恩寵を、信仰を「通して（durch, through）」受け取るのである。信仰を通して受け取る。受動である。人間は決して主役ではない。このことは、そもそも信仰とは何であるか、を熟慮するとき、ますます明らかとなる。信仰とは何か。ルターは『ローマの信徒への手紙　序文』の中で次のように述べている。まず第一に「信仰とは、私たちのうちにおける神の働きである」。そして、しかる後に第二に「信仰とは、神の恵みに対する〔私たちの〕生きた大胆な〔神への〕

信頼である」[35]。同じことだが、『マールブルク条項』でも次のように述べる。第六条で「信仰は神の賜物であって……われわれが福音すなわちキリストのことばを聞くとき、聖霊がわれわれの心のうちにこの信仰を聖霊の欲するままに与え、つくり出すのである」と述べ、そして次の第七条で「このような信仰は、神のみまえにおけるわれわれの義である」と述べる[36]。

つまり信仰とは、そもそも人間の働きでなく、まず第一に「神の働き」である。すなわち信仰は、神が人間に与えたものなのである。そして次に初めて第二にその神の働きを受けとめる「人間の働き」、すなわちわれわれ人間の神への信頼・確信なのである。神こそが、信仰において能動的主体であり、人間はいわば受動的主体なのだ。それゆえティリッヒは信仰を「受容の受容（accept acceptance)」と表現した。神がまず人間を恵みによって受け容れ、その受け容れられたことを今度は人間が受け容れる。これが信仰である。

要するに、信仰でさえ神の贈与である。つまり、神が人間を救済するということは、すなわちそれが義認だが、それは始めから終わりまで神の恩寵なのである。それゆえ「信仰義認」とは、まさしく「恩寵義認」なのである。

3　それでもリンゴの木をうえる

「われ、ここに立つ」（WA 7, 838）」。一五二一年、ルターはヴォルムスの国会に喚問され、皇帝カール五世の前に立っていた。自説の取り消しを求められたのである。しかし彼は「神の言葉に縛られた良心」の「自由」に命をかけて、それを拒否。その際の彼の最終弁論の最後の言葉、それが「われ、ここに立つ」である。おそらくルターの最も有名な言葉であろう[37]。

一人でも、ここに立つ。自立せる個。まさに人間自律の時代としての近代への幕開けにふさわしい言葉。ヘーゲル的に言えば、近代を切り開くルターである。

しかし今、われわれは、その近代の淵に立たされている。暮れゆく近代。いや、すでに暮れてしまったのかもしれない。カイロスとしてのフクシマ。今、われわれはフクシマ以後の世界を生きている。と言うことは、ある意味で近代を切り開いたルターは、したがって近代の終わりとともに、その役割を終えたのであろうか。

だが、むしろこの時にこそ、浮かび上がるルターがいる。浮かび上がってきたルターの言葉がある。「たとえ明日世界が終わるとしても、それでも今日わたしはリンゴの木をうえる」。3・11以後、この言葉に人々の注目が集まっている。この言葉を支えに、3・11以後を生き抜こうと多くの人々が考えている。もっとも正確に言うと、この言葉はルターの言葉ではない。しかしルターの言葉として伝えられ、ルターの思想をよく表している。その意味で、ルターの言葉としてよいであろう。[38]

「たとえ明日世界が終わるとしても、……」。世界が終わる。世界の終末であれ、あるいは個人の死であれ、それが人間の最大の条件である。人間の有限性。人間は有限な存在なのである。しかし、先に記したように、ヤスパースを援用しつつ見田宗介は次のように説く。人間が無限でありえたのは、文明社会とりわけ近代社会の、人類史的に言えば、増殖期（爆発期）のことであり、近代の幕が閉じ定常期に入るということは、人間が改めて世界の有限性に直面するということなのである。

人間の有限性、世界の有限性。これこそが、ルターのいう「受動性」である。つまり神の創造した世界に生きる、ということである。なぜなら神の創造した世界に生きるということは、その中で生きるのであるから、有限であり、受動である。しかし積極的に言えば、それが神の恩寵の下に生きるということであり、ルターは「喜ばしき受動性（ein frolich leyden）」と言った。しかしながら、それはやはり有限であり、受動（Passiv = Leideform）であり、受難（Passion = Leiden）でもある。

「それでもリンゴの木をうえる」。人間と世界は、有限な存在なのである。つまり、人間と世界は根本的に受動態として存在し、生きる。したがって、それはある意味で受難（受苦）である。しかし、それはまたある意味で神の恩寵の下に存在し、生きているということでもある。それゆえ有限性に直面し、人間はその時にこそ、畏れを感じ、また挑戦（構築）に乗り出しうるのである。情熱的

(Passion)でありうるのである。畏怖と挑戦(構築)。つまり、その時こそ、真実に能動的たりうるのである。受動的であるがゆえに、むしろ能動的であることができる。「それでもリンゴの木をうえる」ことができるのである。

「たとえ明日世界が終わるとしても、それでも今日わたしはリンゴの木をうえる」。ここには、神の恩寵に対する根本的な受動性と、その受動性における能動性の調べが響いている。受動的能動性。これこそが、ルターの人間理解である。そして、ここに終わりつつある近代を生きるわれわれが、明日をみる希望の光がある。フクシマの空の下、それでもリンゴの木をうえる……。

注

(1) E・H・カー『歴史とは何か』、清水幾太郎訳、岩波新書、一九六二年参照。

(2) ハンス・ヨナス『責任という原理―科学技術文明のための倫理学の試み』、加藤尚武監訳、東信堂、二〇〇〇年参照。

(3) 宗教改革五〇〇年をキリスト教の内部という視点から考えれば、宗教改革による中世のコルプス・クリスティアヌーム(キリスト教一体世界)の解体、キリスト教多元世界の出現、それゆえエキュメニズム(更には、宗教多元主義)の課題といったことが問題となる。

（4）G.W.F. Hegel, Vorlesungen über die Philisophie der Geschichte, in: Werke 12, Suhrkamp Verlag, 1970, S.491（邦訳『歴史哲学講義（下）』長谷川宏訳、岩波文庫、一九九四年、三〇八頁）。

（5）G.W.F. Hegel, Vorlesungen über die Geschichte der Philisophie, III, in: Werke 20, Suhrkamp Verlag, 1971, S.50（邦訳『哲学史講義』下巻、長谷川宏訳、河出書房新社、一九九三年、一四五頁）。

（6）近代の始まりとキリスト教（とりわけ宗教改革）との関係については、ヘーゲルやトレルチ以後、更にパネンベルク＝ブルーメンベルク論争がある。これらの問題については、拙稿「キリスト者の自由と近代」『神の仮面―ルターと現代世界』リトン、二〇〇九年、とくに四九―五二頁参照。更に深井智朗『神学の起源―社会における機能』新教出版社、二〇一三年を参照。そこで深井は、キリスト教と近代の始まりをめぐって視点を広げ、一六世紀のドイツの宗教改革、一七世紀イギリスのピューリタン革命、そして一八世紀啓蒙主義のフランス革命という三つの見方（モデル）を論じている。なお更に深井智朗『プロテスタンティズム―宗教改革から現代政治まで』（中公新書、二〇一七年）に言及しておけば、深井はプロテスタンティズムの二つの流れ、すなわち「保守主義としてのプロテスタンティズム」と「リベラリズムとしてのプロテスタンティズム」を指摘する。前者は大陸のプロテスタント（制度的教会）、後者はアメリカのプロテスタント（自由教会）である。この深井の立論はもちろん「トレルチ・テーゼ」に基づくが、トレルチが時間軸にそって立論したことを、深井は空間軸に変換してプロテスタンティズム像を描き出した、と理解しうる。一つの整理の仕方であろう。

（7）見田宗介『定本　見田宗介著作集Ⅰ―現代社会の理論』岩波書店、二〇一一年参照。なお近代の人類史的意味を解明する理論として、もう一つ柄谷行人の『世界史の構造』（岩波書店、二〇一〇年）を挙げておきたい。柄谷は人間世界の社会構成体を「生産様式」（マルクス）でなく、「交換様式」の視点から考察。その結果、近代世界を「資本＝ネーション＝国家」として把え、かかる近代の克服として「世界共和国」、更には普遍宗教の理念（贈与）が実現しうる「社会X」を構想するという遠大な理論を打ち立てつつある。

（8）見田宗介、前掲（注7）、一八六頁。

（9）見田宗介、前掲（注7）、一七七頁。

（10）高木仁三郎『原子力神話からの解放』講談社＋α文庫、二〇一一年参照。

（11）中沢新一『日本の大転換』集英社新書、二〇一一年参照。

（12）「創造の秩序（Schöpfungsordnung）」は、ルター派的には、ふつうecclesia, oeconomia, politia（宗教、家族、政治）という神の定めた、いわゆる「三領域の秩序（dreifache Ständeordung）」の意味で使われるが、ここでは意味を広げて、神が創造した世界全体のあり方（秩序）の意味で使う。本書四章参照。

（13）柳澤桂子『いのちと放射能』、ちくま文庫、二〇〇七年、九八頁。

（14）A・リチャードソン、J・ボウデン編『キリスト教神学事典』教文館、一九九五年、五一九頁。

（15）A・E・マクグラス編『現代キリスト教神学思想事典』新教出版社、二〇〇一年、五一四頁。

（16）M・ウェーバー『プロテスタンティズムの倫理と資本主義の精神』大塚久雄訳、岩波書店、一九八八年、二六九頁。
(17)『ボンヘッファー獄中書簡集』E・ベートゲ編、村上伸訳、新教出版社、一九八八年、三七八頁、三七七頁、四一七頁（ただし訳、一部変更）。
(18)これらの諸論文は『トレルチ著作集』第八巻、ヨルダン社、一九八四年に収録されている。
(19)近藤勝彦『二十世紀の主要な神学者たち』教文館、二〇一一年、一四八頁参照。
(20)拙稿「トレルチとルター教会論」『ルター研究』第四巻、聖文舎、一九八八年参照。
(21)E・トレルチ「キリスト教社会哲学の諸時代・諸類型」、住谷・山田訳『トレルチ著作集』第七巻、ヨルダン社、一九八一年、一九二頁。
(22)E・トレルチ『キリスト教の諸教会と諸集団の社会教説』の「結び」、芳賀力訳、『トレルチ著作集』第九巻、ヨルダン社、一九八五年、二〇五頁。
(23)E・トレルチ、前掲（注21）、二三四頁。
(24)スピリチュアリティの広がりについては、島薗進『スピリチュアリティの興隆―新霊性文化とその周辺』（岩波書店、二〇〇七年）やリゼット・ゲーパルト『現代日本のスピリチュアリティ―文学・思想にみる新霊性文化』（深澤・飛鳥井訳、岩波書店、二〇一三年）を参照。とりわけゲーパルトは、現代日本の小説家たち（遠藤周作、大江健三郎、古井由吉、中上健次）までも、スピリチュアリティの観点から論じている。
(25)ピーター・L・バーガー『異端の時代』薗田・金井訳、新曜社、一九八七年、三三頁以下参照。

(26) E・トレルチ、前掲（注22)、二〇六頁。
(27) 同上、二〇七頁。
(28) ティリッヒのプロテスタンティズム論は、『ティリッヒ著作集』第五巻（古屋安雄訳　白水社、一九七八年）に収録されている。
(29) P・ティリッヒ「プロテスタント時代」、前掲（注28)、三四頁。
(30) P・ティリッヒ「プロテスタンティズムの諸原理」、前掲（注28)、一八〇頁。
(31) J・ゴンザレス『キリスト教神学基本用語集』鈴木浩訳、教文館、二〇一〇年、二二三頁。
(32) P・ティリッヒ「プロテスタント時代」、前掲（注28)、一八頁、二四頁。なお、「信仰義認」については後述の「四　ルター」を参照。
(33) P・ティリッヒ「プロテスタント的形成」、前掲（注28)、六九頁。
(34) ルター『マグニフィカート』(WA 7, 550)、『ルター著作集』第一集第四巻、聖文舎、一九八四年、一六六頁。
(35) ルター『ローマの信徒への手紙序文』(WA DB 7, 2-)、『ルター著作選集』教文館、二〇〇五年、三六六頁。
(36) ルター『マールブルク条項』(WA 30 III, 163f.)、『ルター著作集』第一集第八巻、聖文舎、一九七一年、六一九頁。
(37) ルターにおける「良心の自由」については、拙稿「喜ばしき良心」(『神の仮面』、注6）を参照。

(38) この言葉はルターの言葉ではないが、その原型にあたるルターの言葉は次の通り。「人は、永遠に生きるかのごとくに、働くべきである。しかし、この瞬間にも死ぬかのごとく、心しなければならない」。M・シュレエマン（"Luthers Apfelbäumchen?" 邦訳『ルターのリンゴの木』棟居洋訳、教文館、二〇一五年）によれば、この言葉は第二次大戦中、ルターの言葉として有名になり、戦後の困難な時代、ドイツ人を支えた。また近年、日本においても、終末期の医療現場等で共感をもって使われてきた。

七章　ルターの脱構築

――ルターと共に、ルターを越えて

今、我々はポスト近代の入口に立っている。「近代」をどう把えるか。いろいろ議論があるところだが、宗教改革から近代が始まったとも言われる。そして宗教改革五〇〇年（二〇一七年）、つまり五〇〇年続いた近代が終わり、ポスト近代が目の前にひろがりつつあるとも言われている。確かにいくつもの兆候がある。資本主義の行き詰まり、情報技術や生命科学の急激な展開、ＬＧＢＴが突きつける人間観の問題、そして何よりも地球の自然環境を全面的に崩壊させる力をもつ原子力の問題等々。目を閉じる、その先行きが我々に見えているだろうか。[1]

一　ルターとデリダ

ポスト近代の哲学に先鞭をつけた一人が、フランスの哲学者ジャック・デリダ（一九三〇―二〇〇四年）である。そのデリダの代表的な哲学用語は「脱構築（déconstruction）」であるが、今や物事を根本的に考察するときの流儀として広く使われている。ちょうど一時期、ヘーゲル、マルクスの「弁証法（Dialektik）」が広く使われたように、である。

さてデリダは晩年、その「脱構築」について驚くべきことを語っている。デリダは晩年の著作や講義や対談において、脱構築という言葉の由来について、ハイデガーに遡ることは当然としても、更にルターにまで遡らせているのである。(2) ここでは、D・ジャニコーとの対談から引用しておこう。

「ハイデガーはルターについてもよく知ってました。〔ハイデガーの〕Destruktion〔破壊〕という語でさえも、ルターが用いた destructio というラテン語に由来していますが……。この語が意味しているのは、……原初の福音のメッセージを覆い隠してしまった〔中世の〕神学による固定化から脱すること、神学の構成を破壊することだと言います。〔ルターの〕destructio は地層のように積み重なった神学の伝統を破壊して、あるいは脱構築して〔déconstruisant〕、記憶のはらたきを通じて、原初の福音のメッセージを再構成することなのです」[3]。

確かにルターは『ロマ書講義』等で destructio〔破壊、解体〕という言葉を使っているが[4]、次のようにつながる。ルター（destructio）→ハイデガー（Destruktion）→デリダ（déconstruction）。

ところでデリダは井筒俊彦に「DÉCONSTRUCTIONとは何か」と題して、一九八三年七月に書簡を送っているが、その翻訳を丸山圭三郎がしている[5]。そこで丸山は déconstruction の訳語として「解体構築」という語を提案した。訳語としては「脱構築」の方が迫力があるが、内容的には「解体構築」の方が分かりやすく的を得ている。

さて我々の課題は「ルター（宗教改革）とポスト近代」だが、それを「ルターの脱構築」という視点から考えてみたいと思っている。なぜなら、宗教改革（Reformation）とは、Re（再）+formation（形成）、つまり再形成（再構築）のことであるゆえ、「解体構築（脱構築）」と意味が重なるからである。そしてここで大事なことは、「ルターの脱構築」ということには、二つの意味が含まれているということである。次の二つである。①ルターが脱構築した、そして②ルターを脱構築する。

まず、①ルターが脱構築したということ。つまりルターが中世のキリスト教を改革=脱構築して、近代に道を開いたのである。そして②ルターを脱構築する。つまり今日において、我々がルターを脱構築するのである。そのことによってポスト近代の課題を考えていくのである。以下、この二点について考えていこう。

二　ルターが脱構築した

ルターは中世のキリスト教を改革したのだが、それは言うなれば中世キリスト教を脱構築、つまり「解体」し「構築」し直したと言えよう。その改革思想はしばしば宗教改革の三大原理としてまとめられている。「信仰義認」、「聖書の権威」、「万人祭司性」の三つである。つまりルターは「信仰」、「聖書」、「教会」について、中世のキリスト教に対し問いを発した。すなわち脱構築したのである。簡単に要点を記しておこう。

まず「信仰」について、ルターは問いを発した。当時の教会が「信仰と行為（善行）」を強調していたことに対して、ルターは「信仰のみ（sola fide）」を主張したのである。人は信仰によって義とされる（救われる）。すなわち「信仰義認」である。

次に「聖書」について。当時の教会が「聖書と伝統（教会が積み重ね尊重してきた教え）」を強調してきたことに対して、ルターは「聖書のみ（sola scriptura）」を主張した。つまり「聖書の権威」を強調したのである。

そして「教会」についても、ルターは問いを発した。当時の教会が教皇を頂点とする制度的なヒエラルキー型教会であるのに対して、ルターは「万人祭司（全信徒祭司性 Priestertum aller Gläubigen）」を説いた。すべての信者に等しく祭司性を認めたのである（この場合でも牧師制度は存在するが、牧師は身分的な存在でなく、「神の言葉」に仕える機能的存在となる）。そしてそれはやがては自由教会へと道を開くこととなった。ここではそうした教会をデモクラシー型教会と呼んでおこう。

まとめておこう。「ルターが脱構築した」、つまりルターは中世キリスト教を脱構築（解体構築）したのである。すなわち「信仰と行為」を解体して、「信仰義認」を構築した。「聖書と伝統」を解体して、「聖書の権威」を構築した。そして更に「ヒエラルキー型教会」を解体して、「デモクラシー型教会（万人祭司性）」を構築したのである。これらがルターの改革の中味である。そしてこのようにして近代の幕が開いていった。

三　ルターを脱構築する

ルターは、信仰、聖書、教会をめぐって中世キリスト教を脱構築して、近代に道を開いた。そして五〇〇年後の今、ポスト近代の課題とは、そのルターを更に脱構築することである。つまり信仰、聖書、教会を五〇〇年後の今日、更に解体し構築するのである。それが我々の課題となる。順番に考えてみよう。

1　信仰について

ルターは「信仰と行為」を解体して、「信仰義認（信仰のみ）」を構築した。その「信仰義認」を更に脱構築する。するとどうなるのか。まず結論を先に記しておけば、「恩寵義認（恵みのみ）」となる。どういうことだろうか。

ルターの信仰義認の本意は、たとえばルターとの相談の下、メランヒトンが執筆した『アウグスブルク信仰告白』第四条に記されている。「我々は、恵みにより（aus Gnade）、キリストのゆえに、信仰を通して（durch den Glauben）、罪の赦しを得、神の前に義とされる」[6]。

つまり信仰義認論で主張されていることは、神の恵みによって信仰を通して義とされる（救われる）ということである。ところが、ここからが問題となる。と言うのはこの信仰義認が語られるとき、人間の信仰（力）の方に極端に重心が置かれてしまい、救いの決め手はまるで人間の信仰にあるかのように考えられてしまっているからである。しかし、それは誤解であろう。救いはあくまで神の恵みからやってくるのである。人間の信仰（力）からではない（ルターの表現に誤解を誘発するようなところもあるが……）。

そもそもルターの宗教改革的転回と言われている若き日の「塔の体験」とは、「受動的な神の義（iustitia dei passiva）」の発見であった。すなわち人間が自らの力（それが善行であれ、信仰であれ）によって神の義（救い）を獲得するのではなく、神が無条件に一方的に贈与して下さる神の義（恵み・救い）を人は受動的に受容するのみなのである。神の恵みのみ（sola gratia）なのである。そして、その恵みを受容すること、これが信仰である。そして更にもう一言、信仰に関して言えば、ルターはそうした人間の信仰ですらも「人のうちにおける神の働き（恵み）」であると言っている（そしてその上で第二義的に信仰とはそうした「神の恵みへの信頼」のことである）[7]。

再度、繰り返せば、人は人間の信仰によって義とされるのではなく、神の恵みによって義とされるのである。そして人はその、神の恵みによる義認を信じるのである。（佐藤研は、「信仰義認」でなく、「義認信仰」と表現している）[8]。つまりあくまで、神の恵み↓人の信仰なのである。そしてその信仰義認の真の内実を鮮明にすべく、「恩寵義認」として正しく把えかえすこと、これが「信仰義認」の脱構築と言えよう。

さて、こうした信仰義認の脱構築、すなわち恩寵義認についてポスト近代を念頭に少し別の角度からも考えておこう。近代、そしてポスト近代においても最大のテーマは、依然として資本主義の問題である。必然的に弱肉強食の人間疎外を結果させる資本主義をいかに克服すべきか。一つの答えは、北欧福祉社会であろう。そして注目すべきは、北欧諸国の多くがルター派であるという事実である。北欧諸国のルター的水脈。これは何を意味しているのだろうか。

福祉社会は高税率社会であり、それが定着するためには、税を収める側の、税の益を受けとる側への共鳴がなければ成り立たない。受けとること、受動性への共鳴と共感。ここでマックス・ウェーバー(『プロテスタンティズムの倫理と資本主義の精神』)の次のような指摘が示唆的である。ウェーバーはカルヴァン派が自らを神の「道具(Werkzeug)」と感じるのに対して、ルター派は自らを神の「容器(Gefäß)」と感じていると指摘した(もちろん優劣の問題ではない、念のため)[9]。容器とは受け容れる器、すなわち受動性ということである。受動的立場への共鳴と親和性。ここが福祉社会のポイントではなかろうか。そしてここにルター的受動性の今日的意味がある。そして憶い出すことは、ルターの死の前日の絶筆メモである。「私たちは〔神の〕乞食である」(『卓上語録』)と記されていた。人間は神の恵みを(まるで乞食のようにひたすら)受動的にうける存在なのである。まさに恩寵のみ、なのである。

まとめ。信仰をめぐって、ルターを脱構築すること。つまり「信仰義認(信仰のみ)」を脱構築する。その結論は「恩寵義認(恵みのみ)」である。そしてこの「恩寵義認」、すなわち「恵みのみ」を今日の言葉で咀嚼すれば、「贈与」というテーマにつながっていくであろう。

2　聖書について

ルターは「聖書と伝統」を解体して、「聖書の権威（聖書のみ）」を構築した。さて、その「聖書の権威」を更に脱構築する。するとどうなるのか。「キリスト中心性」となる。どういうことだろうか。

ルターは「聖書のみ」と言う。しかしそれは、とにもかくにも聖書を尊重せよと漠然と言われているのでも、はたまた聖書を拝んでいるのでも、あるいは聖書の一文字一文字に神経質に拘泥するというようなことでもない。事実、ルターは「ヤコブの手紙」を「藁の書簡」と悪口さえ言った。何事にせよ、ルターには妙な権威主義はなく自由なのである。では「聖書の権威」ということで彼は何を考えていたのか。答、当たり前だがルターは聖書が語ることのその中心を考えていたのである。

ルターはこう語る。「たとえペトロやパウロが教えても、キリストを教えないものは、使徒的ではない。他方、たとえユダ、大祭司アンナス、ピラト、ヘロデがなすことも、キリストを宣べ伝えていることは、使徒的である[10]」。また言う。「全聖書は、どこにおいてもキリストだけを問題にしている[11]」。

中心に耳を澄ますこと。すると何が聴こえるのか。中心から響く声、そうキリストの声が聴こえてくる。「キリスト中心性」である。更に言えばその中心の可能性、あるいは可能性の中心、それに耳を澄ますということである。これが言うなれば、「聖書の権威」の脱構築ということなのである。

可能性の中心。それはP・ヴァレリーがレオナルド・ダ・ヴィンチを考察した時の方法（『レオナルド・ダ・ヴィンチの方法への序説』）であり、[12] また柄谷行人の用語だが（『マルクスその可能性の中心』[13]）、それに倣って言うならば、「キリストその可能性の中心」ということになる。キリストの教えと存在のもつ可能性を、その中心をそれこそ中心にして徹底して考えるということである。つまりイエス・キリストという思想、としての存在を考えるのである。

しかし考えてみれば、キリスト教の歴史とは、キリストの存在と教えをこそ徹底して追求してきた歴史でもある。教理的に言えば、それがキリスト論である。そして五世紀、一つの結論を得た。「カルケドン信条」である。キリストとは「真の神、真の人（Vere Deus, vere homo）」、すなわち「神人（Theoanthropos）」であるというキリスト両性論である。引用しておこう。「……み子が完全に神であり、完全な人であって、真の神であり、同時に理性的な魂とからだとから成る真の人であると教える。み子は神性において父と同質であり、人性においてわれわれと同質である」[14]。ルターはかかる古典信条に百パーセント従った。

しかし大事なことは、そのキリスト両性論のさらなる深化、その内実を更に問うということである。つまりキリストが「神人」であるということは、この私にとって何を意味するのか。あえて言えばキリスト両性論の脱構築である。その糸口はあるのか。ここではその名前を挙げることしかできないが、あると思う。それは西田幾多郎の絶筆論文『場所的論理と宗教的世界観』の一つの結論「内在的超越のキリスト」であり[15]、滝沢克己のインマヌエル神学である（後述）。

とは言えここでもう一度、ルターにもどって考えてみよう。ルターの『キリスト者の自由』の結論は、こうであった。「私もまた、私の隣人のために、ひとりのキリストになる」[16]。実は『キリスト者の自由』にはルター自身によるドイツ語版とラテン語版がある。最初に書かれたドイツ語版では「ひとりのキリスト者（ein Chrinten）」となっているが、その真意をより丁寧に説いたラテン語版テキストでは「ひとりのキリスト（christum）」となっている。我々人間が「ひとりのキリスト」になる！　人間が隣人への愛の奉仕に生きる「ひとりのキリスト者」になるということなら、それはある意味自然で納得できることである。しかし我々人間が「キリスト」になるとは普通ではない、異常なことではなかろうか。しかし実にここにこそ、キリストは「神人」であるというキリスト両性論の真意（存在理由）があるのではなかろうか。キリスト両性論が、あの二千年前のナザレ人イエスが「真の神、真の人」であったと認識し告白することだけであるなら、それは確かに驚くべきことだが、そこに何の意味があろうか。しかし、そういうことではなく、そのように認識し告白することを通して、その人が「ひとりのキリストになる」ことにこそ意味があるのである。つまりキリスト論とは裏を返せば人間論でもある。西田が「内在的超越のキリスト」と語った理由もここにある。

まとめ。聖書をめぐって、ルターを脱構築すること。つまり「聖書の権威」を脱構築する。その結論は「キリスト中心性」である。もう少し丁寧に言えば「キリストその可能性の中心」ということである。そしてそれはある意味、キリスト両性論を脱構築することでもあり、その脱構築をたどっていけば、一人ひとりが隣人に対して「ひとりのキリストになる」という驚くべき途につながっていくのである。

3　教会について

ルターは「ヒエラルキー型教会」を解体して、「デモクラシー型教会」を構築した。つまり万人祭司を主張した。その万人祭司性をさらに脱構築する。するとどうなるのか。「エキュメニズム（共生！）」となる。どういうことだろうか。

ルターは万人祭司を主張した。さて、その後、教会はどうなったであろうか。E・トレルチ（『キリスト教の諸教会と諸集団の社会教説』等）は、キリスト教共同体をキルへ、ゼクテ、ミスティークの三類型に区分している。キルへ（Kirche）とは「教会」である。ゼクテ（Sekte）とは「分派」という意味だが、やがてデノミネーション（Denomination）、つまり「教派」になっていく。ミスティーク

(Mystik) とは「神秘主義」という意味だが、今日風に言えばスピリチュアリズム (Spritualism) と言ってもよいだろう。そしてその頽落形態がカルト (cult) である。

さて、カトリック教会もルター派も理念的には（つまり自己意識では）、キルヘ型である。そしてキルヘ型とは、社会の中に一元的かつ制度的に確立した教会のことである。しかしそれには前提がある。それは教皇と（世俗）皇帝を楕円の2つの中心とするコルプス・クリスティアヌーム（キリスト教一体世界）という中世的前提であり、それゆえに教会（キルヘ）も存立可能だったのである。ところが宗教改革の教会分裂故に、その一体世界の枠組みは壊れてしまった。教会分裂とは、すなわちキリスト教の多元化である。したがって理念的にはともあれ、カトリックもルター派も現実的にはデノミネーションたらざるを得ない。そしてやがてすべての教会が「自由教会」として存在することとなるのである。この現実が別の言葉で言えば、「信教の自由」である。

すると何が起こるか。教会教派間の存立競争が起こる。宗教社会学者P・L・バーガーは、それを「宗教の市場化」と呼んでいる。伝道という名の宗教市場での信者の獲得合戦が始まるのである。バーガーは『聖なる天蓋』で次のように指摘している。「あらゆる多元主義的状況の核心的な特徴は……独占性を失った宗教がもはやその帰属住民たちの忠誠を当然のものと考えることができないということである。……その結果、宗教的伝統は、かつては威信をもって強制することのできたものが、今や市場化されねばならない。……多元的状況は、なかんずく一種の市場相場なのである。そのなかで各宗教教団は市場取引機関となり、宗教的伝統は消費者のための商品となる。そしてある程度、この状況における宗教活動の相当部分は市場経済の論理に支配されてくるのである」[17]。そして注目すべきは、こうした事態は、自由な市場を前提とする資本主義社会に見合っているということである。それゆえ驚くべきことに、すでにカール・マルクスは『ユダヤ人問題によせて』の中で次のように指摘していたのである。「福音の伝道そのもの、キリスト者の説教師の職が商品の一つになっている」[18]。「伝道」という名の、信者（消費者）獲得競争という現実！われわれはこれをどう考えたらよいのだろうか。

さてここでもう一度、ルターに遡って考えてみよう。それはルターの時代的限界、厳しく言えば汚点とも言うべき問題である。すなわち農民戦争において見られたような社会改革急進派や再洗礼派への抑圧（『農民の殺人・強盗団に抗して』）、更にはユダヤ人問題やトルコ人（イスラム）問題である（『ユダヤ人とその嘘について』、『トルコ人に対する戦争について』）。ルターは改革が進みカトリックのゆがみが正されキリスト教の真意が伝われば、ユダヤ人やトルコ人も洗礼を受けるであろうと期待していた。しかし、そうはならない。改宗はすすまない。怒ったルターは今度はユダヤ人の追放を主張し始めたのである。汚点である。ある人々はここから、ルターからヒトラーへの線を見ている。しかしこうした問題の根は、キリスト教絶対主義にあるのではなかろうか。キリスト教絶対主義が、自らの信仰や自らの属する教派や教会、またその伝道の絶対化となって現れるのである。神は絶対だとしても（それが「神」の定義！）、その神への人の信仰は絶対ではない。しかし神の絶対性と、その神への信仰の「絶対性」が混同され、キリスト教絶対主義が生まれ、教会や伝道の、絶対化が始まるのである。しかし、そもそも神は初めに天地（世界）と人とを造ったのであり、キリスト信者やキリスト教会のみを造ったのではない。アダムもイブも、そしてアブラハムでさえ洗礼を受けていたわけではないのである。

そこであえて言えば、教会や伝道の脱構築が必要なのである。ルターに即して言えば、万人祭司の脱構築が必要なのである。すでに二〇世紀初めから様々な努力がなされてきた。「ミシオ・デイ（神の宣教）」の神学やエキュメニズム運動である（プロテスタントにおける一九一〇年のエディンバラ世界宣教会議以降の努力、そして何よりもカトリック教会の一九六二―六五年の第二ヴァチカン公会議！）。ここではエキュメニズムについて考えてみたい。

エキュメニズムの語源は、ギリシア語の「オイケオー」である。オイケオー（住む）↓オイコス（家、生きる場）↓オイクメネー（全世界）↓エキュメニズム、である。そしてもちろん、この全世界には、わが教会・わが教派の人ばかりでなく、他教派の人も、いや他宗教の人も、いや無宗教の人も、それこそ全人類が住んでいる。そして神はそういう世界を創造し保持し救済するのである。それが神の恵みなのである。それこそ神のすばらしき創造の世界である。とすれば、エキュメニズムとは単に狭く「キリスト教間再一致」ということだけでなく、「諸宗教間対話」へと深まり、更にはつまるところ「人類的共生」ということになるのではなかろうか。つまり万人祭司の脱構築とは、教会や伝道の解体構築であり、それは「エキュメニズム（共生）」のことなのである。よりはっきり言えば人類的共生である。では人類的共生はいかに構想されうるのか。構想の土台は、抽象的な人類愛やいわゆるヒューマニズムではない。また宗教的あるいは政治的自由を語ったJ・ロックやヴォルテールやJ・S・ミルらの寛容思想だけでは不十分であろう。今後の課題ではあるが、私の考えではモナド的調和（ライプニッツ）こそが一つの土台となるように思う(19)。

まとめ。教会をめぐって、ルターを脱構築すること。つまり万人祭司を脱構築する。その結論は「エキュメニズム（共生）」である。そしてその今日的課題、つまりグローバル化した世界やその負の側面としての原子力（原爆と原発）のことを考えれば、まさに人類的共生こそが問われねばならない。

四　プロテスタンティズムの未来——三人の神学者

ポスト近代の入り口に立っている我々の課題は何か。それは「ルターが脱構築した」ことを、更に脱構築することである。すなわち「ルターを脱構築する」。そこにプロテスタンティズムの未来がある。

いや、それはキリスト教の未来であり、あえて言えば世界全体の未来である。

さて、改めて脱構築とは何か。それは解体構築、つまり簡単に言うと乗り越えると言うことだが、ルターに即して言えば、ルターを彼の欠点（たとえばユダヤ人問題等、彼の時代的限界・誤謬）のところでのみ越えることでなく、むしろ長所（信仰義認、聖書の権威、万人祭司等、金字塔とも言える彼の神学思想そのもの）のところで乗り越えるということである。

三人の神学者について考えたい。P・ティリッヒ、滝沢克己、D・ボンヘッファーである。ルターが脱構築した三つのテーマに即して言えば、「信仰」に関わってP・ティリッヒを、「聖書」に関わって滝沢克己を、そして「教会」に関わってD・ボンヘッファーについて考えてみたい。

まず「信仰」をめぐって考えてみる。パウル・ティリッヒ（一八八六―一九六五年）は「プロテスタント原理（Protestantisches Prinzip）」ということを主張する。次のように言う。「プロテスタンティズムは神の絶対的尊厳を肯定し、教会のであれ世俗のであれ、人間のいかなる絶対的真理や権威の主張に対しても、預言者的な異議を申し立てる[20]」。かかる異議の申し立て（プロテスト）、これがプロテスタント原理である。わかりやすく言えば、たとえ教会や礼拝であれ、聖書や教義やサクラメントであれ、どのような被造物であっても、そこには最終的絶対的な権威を認めないのである。それらは神の恵みのあくまで人間的有限的形態なのである。したがってそれらを神的形態としてしまうこと、それが偶像なのであり、それにはプロテストせねばならない。これがティリッヒが宗教改革から学んだプロテスタント原理である。つまり、絶対なのは神の「恵みのみ（sola gratia）」ということである。

ルターは「信仰と行為」を脱構築して、「信仰義認（信仰のみ）」を見出したが、その信仰義認を更に脱構築せねばならない。別の言葉で言えば、ルターのいう信仰義認の真意を更に掘り下げねばならない。そして、そこに見出されるのは「恩寵義認（恵みのみ）」である。と言うことはティリッヒがプロテスタント原理という言葉で語りたかったことと、まさに同じということになる。つまり恩寵のみ（sola gratia）ということである。

次に「聖書」について。ここで考えてみたいのは、滝沢克己（一九〇九―八四年）のインマヌエル神学である。滝沢インマヌエル神学には要点が二つある。⑴神即人の問題、⑵第一義のインマヌエルと第二義のインマヌエルの問題である。滝沢はまず第一に、神と人とは分離することができず、と言って同じではありえず、かつ神が主で人が従であるという関係を逆にはしえない、つまり不可分・不可同・不可逆という意味において「神即人」と主張する。それを彼はマタイ福音書一章二三節の「インマヌエル（神は我々と共におられる）」という言葉で言い表わす。人間存在とは「神即人」なのである。第二に滝沢はインマヌエルと言っても、そこにおいて「第一義のインマヌエル」と「第二義のインマヌエル」とを区別せねばならないと言う。第一義のインマヌエルとは、「神即人」という事柄そのもののことであり、第二義のインマヌエルとは、その「神即人」という事柄があのナザレのイエスに体現された在り方、つまりあのイエス・キリストその人のことである。この第一義と第二義がともすると従来の聖書解釈において整理されない形で混同されてきた、と滝沢は主張した。

さてルターは「聖書と伝統」を脱構築して「聖書の権威（聖書のみ）」を導き出したが、その聖書の権威を更に脱構築せねばならない。そこで見出されるのは「キリスト中心性」である。そしてそのキリストの本質を問いつめたキリスト両性論、つまりキリストとは「神人（Theoanthropos）」であることを更に、一人ひとりの問題として実存的に脱構築する。その結論は、ルターが『キリスト者の自由』で説いたように、我々人間一人ひとりが「ひとりのキリストになる」ということになるのである。我々人間が「一人のキリストになる」、これこそまさに滝沢のいう「神即人」ではなかろうか。

そして更にここでルターの「キリスト論」について考えてみる。ルターは『教会暦標準説教集』（一五二二年）の序文「福音においてなにを求め、期待すべきかについての小さな教え」で、キリストを二重に把えている。「賜物としてのキリスト」そして「模範としてのキリスト」である。彼はこう語っている。「キリストをあなたの救いの根拠としたならば、次の事柄が続くわけである。つまり、キリストを模範として受け取り、自分も隣人のための奉仕に身を献げるのである」[21]。ここで滝沢とルターを対応させてみよう。ルターはキリストをまず第一に神の賜物である救いの根拠そのものと把える。「賜物としてのキリスト」である。これは滝沢のいう第一義のインマヌエル（「神即人」という事柄そのもの）のことである。そしてルターは第二にキリストを「模範としてのキリスト」と把えるが、これは滝沢のいう第二義のインマヌエル、すなわちあのナザレ人イエス・キリストその人のことである。このようにキリスト論において、ルターと滝沢は同じことを語っているのではなかろうか。

「聖書のみ」の脱構築としての「キリスト中心性」。このキリスト中心性をつきつめると、それはルターの「一人のキリストになる」になる。そして、このルターの「一人のキリスト」と滝沢の「神即人」は対応しており、さらにまたルターのキリストの二重の把え方と滝沢のインマヌエルの二重の把え方とは対応している。ルターと滝沢克己は遠いところにいるわけではないのである[22]。

最後に「教会」について考えてみよう。ディートリッヒ・ボンヘッファー（一九〇六—四五年）である。ボンヘッファーはヒトラーへの抵抗運動のため刑死したが、その獄中から友人E・ベートゲに数多くの手紙を書いている。その手紙の中で彼は、キリスト教の未来、世界の未来について語っている。「成人化した世界（die mündige gewordene Welt）論」である。

ボンヘッファーは語る。今までは、神とは人生の究極の困難や矛盾を解決してくれる便利な存在であった（「機械仕掛ノ神」）。つまり人間は「神という後見人」の下でのいわば未成人であり、その人にとって神とは逆に言えば困難がなければ無関係な存在と言うことになる。ところが「われわれの時代において……人間は、あらゆる重要な問題において「神という作業仮説」の助けをかりることなしに自分自身を処理することを学んだ[23]」。成人になったのである。成人化した世界。そしてそれはある意味「神なし」で生きることであるし、むしろ「成人した世界がイエス・キリストによって要求されている」のである[24]。なぜなら、その時こそ始めて神と人との関係が機械的関係でなく人格的関係（愛・自由・責任の関係）になるからである。そして結論。「われわれと共にいる神とは、われわれを見捨てる神なのだ。神という作業仮説なしにこの世で生きるようにさせる神こそ、われわれが絶えずその前に立っているところの神なのだ。神の前で、神と共に、われわれは神なしに生きる[25]」。

さて、ボンヘッファーのこうしたキリスト教と世界の未来への洞察は、今日の我々に重い問いを投げかけている。確かに原子力に手を染め、生命操作にさえ手を出し始めた人間は、成人になった。しかしその成人化はイエス・キリストが要求し、ボンヘッファーが語ったような成人ではない。その成人は確かにある意味「神なし」に生きているが、「神の前」でも「神と共に」も生きていないからである。

そこでそれ故、改めて教会の責任と役割が問われている。教会は自らの教会・教派間の再一致だけに目を止めてはならないであろう。またもう一歩踏み出して諸宗教間対話に歩みを進めても決して十分ではない。「神の前で」生きている人、「神と共に」生きている人とはもちろん「神なき」人とも共に生きてゆかねばならないからである。人類的共生としてのエキュメニズムである。神のすばらしき創造の世界に生きているすべての人と共に生きてゆくのである。この時、ボンヘッファーの言葉、「神の前で、神と共に、神なしで（vor Gott, mit Gott, ohne Gott)」が初めて本当にリアルに響くのである。

　ルターは「ヒエラルキー型教会」を脱構築して「万人祭司（デモクラシー型教会）」を唱えた。そして今日、その「万人祭司」を更に脱構築しなければならない。それがエキュメニズムであるが、更につきつめれば、それは人類的共生ということになる。そしてある意味、ボンヘッファーはこのことを獄中で予言していたと言えよう。すなわち、成人化した世界とは、人類的共生の世界なのである。

　※なお本論考の要旨を表にすれば下のようになる。

	ルターが脱構築した	ルターを脱構築する	三人の神学者
信仰	信仰と行為→信仰のみ（信仰義認）	信仰義認→恩寵義認（恵みのみ）	P・ティリッヒ「プロテスタント原理」
聖書	聖書と伝統→聖書のみ（聖書の権威）	聖書の権威→キリスト中心性（「一人のキリストになる」）	滝沢克己「インマヌエル神学」
教会	ヒエラルキー型教会→デモクラシー型教会（万人祭司）	万人祭司→エキュメニズム（人類的共生）	D・ボンヘッファー「成人化した世界」

注

（1）近代、そしてポスト近代を考えるために、次の著書を参照。見田宗介『現代社会の理論―情報化・消費化社会の現在と未来』（一九九六年）、『社会学入門―人間と社会の未来』（二〇〇六年）、『現代社会はどこに向かうか』（二〇一八年）、いずれも岩波新書。

（2）J・デリダ『触覚、ジャン=リュック・ナンシーに触れる』（二〇〇〇年。邦訳、青土社、二〇〇六年、一一六頁）、『ならず者たち』（二〇〇三年。邦訳、みすず書房、二〇〇九年、二八七頁）、『ジャック・デリダ講義録　死刑〔I〕』（一九九九―二〇〇〇年。邦訳、白水社、二〇一七年、三一五―三一六頁）。なお、中田光雄『デリダ　脱‐構築の創造力』（水声社、二〇一七年）、宮崎裕助「プロト脱構築―ルター、ハイデガー、デリダ」（『現代思想』増刊号ハイデガー、二〇一八年二月）参照。

（3）J・デリダ、D・ジャニコー「ハイデガーをめぐる対談」西山達也訳、『現代思想』増刊号デリダ、二〇一五年二月号、一九頁。

（4）『ロマ書講義』の講解（スコリエ）の冒頭で、ルターは「この手紙の概要（Summarium）は、肉の知恵と義……〔に基づく〕行いを破壊し（destruere）、根こそぎにすることである」と述べ「破壊」を強調している。と言うのも、わざわざソクラテスの名前を挙げながら、どれほど徳と知恵を持っていても、それでは十分ではないと論じているのである（WA 56, 157）。

（5）J・デリダ「〈解体構築〉DÉCONSTRUNTION とは何か」、『思想』一九八四年四月号〔特集：構造主義を超えて」所収。

（6）メランヒトン『アウグスブルク信仰告白』ルター研究所訳、リトン、二〇一五年、二四頁。

（7）ルター「ローマの信徒への手紙序文」『ルター著作選集』ルター研究所編、教文館、二〇〇五年、三六六頁。

（8）佐藤研『旅のパウロ―その経験と運命』岩波書店、二〇一二年、二二四頁。

（9）M・ウェーバー『プロテスタンティズムの倫理と資本主義の精神』大塚久雄訳、岩波文庫、一九八九年、一八三頁。なお本書五章参照。

（10）Martin Luther, WA DB 7, 384.

（11）Martin Luther, WA 18, 606.

（12）P・ヴァレリー『レオナルド・ダ・ヴィンチの方法への序説』、『ヴァレリー全集』第五巻、筑摩書房。また村松剛『評伝　ポール・ヴァレリー』筑摩書房、一九六八年、四一一頁参照。

（13）柄谷行人『マルクスその可能性の中心』講談社、一九七八年。

（14）「カルケドン信条」『ルーテル教会信条集《一致信条書》』信条集専門委員会訳、聖文舎、一九八二年、九四五頁。

（15）西田幾多郎「場所的論理と宗教的世界観」（『自覚について、他四篇』岩波文庫、一九八九年、所収）より要点となるところを引用しておこう。「宗教は何処までも内在的に超越的でなければならない、逆に超越的に内在的でなければならない。内在即超越、超越即内在の絶対矛盾的自己同一の立場において、宗教というものがあるのである。」（三九二頁）、「我々は何処までも内へ超越して行かなければならない。内在的超越こそ新しい文化への途であるのである。」（三九三―三九四頁）、「新しいキリスト教的世界は、内在的超越のキリストによって開かれるかもしれない」（三九五頁）。

(16) Martin Luther, WA 7, 35.

(17) P・L・バーガー『聖なる天蓋―神聖世界の社会学』薗田稔訳、新曜社、一九七九年、二一二頁。

(18) K・マルクス『ユダヤ人問題によせて』（『マルクス＝エンゲルス全集』第一巻、大月書店、一九五九年）、花田圭介訳、四一〇頁。もっともいつの世もこうした事態は起るのであろう。キリストもエルサレム神殿を「祈りの家を強盗の巣にしてしまった」と批判したのであり（マルコ一一17）、ルターもまた『ロマ書講義』で当時の教会を「彼らは、神礼拝と奉仕を市場（Nundinas）にしてしまっている」（WA 56, 458）と批判している。

(19) ライプニッツ（一六四六―一七一六年）はモナド論を唱えた。モナド（単子）とは、世界（宇宙）を構成する最も基礎となる単位だが、アトムとはちがう。アトム（原子）が同一平等な空間的物的なるものであるのに対して（原子論的世界観）、モナドはそれぞれが独自差異的であり空間的な拡がりをもたない（単子論的世界観）。つまりモナドどうしは相互に独立している（「モナドには窓がない」）。しかし相互に他を映し合う。より積極的に言えば、（同一の）神を各モナドがそれぞれの観点から映し表出しているのである。それ故そこに、大いなる調和が理念的に成り立つのである。実際、ライプニッツはルター派に属していたが、プロテスタントとカトリックの一致のために努力した。この教会合同の動きに関しては、福島清紀「一七世紀西欧における教会合同の試み―ライプニッツとボシュエとの往復書簡に関する一考察」『寛容とは何か―思想史的考察』工作舎、二〇一八年参照。

(20) P・ティリッヒ「プロテスタンティズムの諸原理」『ティリッヒ著作集』第五巻、古屋安雄訳、白水社、一九七八年、一八〇頁。なお本書六章参照。

(21) ルター「福音においてなにを求め、期待すべきかについての小さな教え」『ルター著作選集』ルター研究所編、教文館、二〇〇五年、三五四頁(但し訳一部、略)。

(22) これらのキリストをめぐる諸問題については、先にも記したように(注14)、滝沢の師である西田幾多郎の「内在的超越のキリスト」について考えねばならないが、更にもう一人の師カール・バルトについてもふれておく必要があろう。バルトの神学的歩みがそのことを示している。彼は、神の超越性(『ローマ書』)、つまり「神の神性」から出発して、キリスト論的集中(『教会教義学』)、つまり「神の神人性」を経て、最後に「神の人間性」について語ったのである。

(23) D・ボンヘッファー『ボンヘッファー獄中書簡集』村上伸訳、新教出版社、一九八八年、三七八頁。

(24) 同上、三九七頁。

(25) 同上、四一七頁。

付論　フクシマのモーツァルト

「アウシュヴィッツの後で、詩を書くことは野蛮である」（アドルノ）。
しかし、フクシマの後でモーツァルトを聴く。

一　道頓堀とチベット

道頓堀での衝撃。昭和三年、小林秀雄、二十歳のころ。「母上の霊に捧ぐ」という献辞ではじまる『モオツァルト』（昭和二一年刊）に書き留められた有名なエピソード。彼は次のように書く。

もう二十年も昔のことを、どういう風に思い出したらよいかわからないのであるが、僕の乱脈な放浪時代のある冬の夜、大阪の道頓堀をうろついていた時、突然、このト短調シンフォニーの有名なテエマが頭の中で鳴ったのである。……人生だとか文学だとか絶望だとか孤独だとか、そういう自分でもよく意味の分からぬやくざな言葉で頭を一杯にして、犬のようにうろついていたのだろう。ともかく、……街の雑踏の中を歩く、静まり返った僕の頭の中で、誰かがはっきりと演奏したように鳴った。……

……ほんとうに悲しい音楽とは、こういうものであろうと僕は思った。その悲しさは、透明な冷い水のように、僕の乾いた喉をうるおし、僕を鼓舞する、そんなことを思った。(1)

道頓堀を歩く小林秀雄の頭の中で突然鳴り響いた、このト短調シンフォニイとは、交響曲四〇番(K.550)のことで、モーツァルトの死の三年前、一七八八年の作品である。短調であるのに不思議に勢いがあり、しかし全体として沈んだ流れ、その中を急ぎつつ、しかもゆっくり歩む他ない音の調べ。さて、この作品から、あるいはモーツァルトの全作品を通して、小林秀雄は何を聴き取ったのか。モーツァルト学者アンリ・ゲオンの言葉“tristesse allante(動きまわる悲哀)”に共感しつつ、彼は「モーツァルトのかなしさは疾走する」と記す。

「かなしさは疾走する」。これが小林秀雄が聴いたモーツァルトである。かなしさは疾走する。モーツァルトは哀しい人である。

ところがもう一人のモーツァルトがいる。陽気で軽佻浮薄なモーツァルト。こちらの方は、二〇世紀も後半になって、しきりに言われるようになった。世界的にヒットしたピーター・シェーファー原作の映画「アマデウス」（一九八四年）が、そのモーツァルト像に拍車をかけた。この映画は宮廷作曲家サリエリの嫉妬によるモーツァルト謀殺という筋書きの単なる娯楽映画だが、確かにそこに登場するモーツァルトは軽い人である。

しかし、映画のことはともかくも、モーツァルトの手紙などを読むと、確かにモーツァルトには、そういう軽く陽気な一面がある。生涯、演奏旅行に明け暮れたモーツァルトはたくさんの手紙を書いているが、親しかった従姉妹のベーズレには、ふざけきった手紙も書いている。スカトロジー、糞尿趣味……である。柴田治三郎訳で引用しておこう。

でも、そこで何をしたらいい?何を?なんにも!……さて、さて、もうよろしい。……もうおやすみを言いたい。メリメリッと音を立てるほど、花壇にうんこをしなさい。ぐっすりおやすみなさい……。ぼくはもうベッドへ行って、少し眠ります。あすはまともなことを話し・放し・ましょう。

……それまで、さようなら、あっ、お尻が痛い、燃えているようだ！……もしかしたら、うんこが出そうなのかな？……うんこよ、お前だな、見えるぞ、においがするぞ……やれやれ、ぼくの耳め、……何という長い、悲しげな音だろう！(2)

こうしたモーツァルト像に掉さしつつ、山口昌男は、『本の神話学』に収録した「モーツァルトと「第三世界」」の中で、「われわれは、われわれの時代のモーツァルトを所有しなければならない」と語り、文化人類学者らしく「トリックスターとしてのモーツァルト」を提示する。(3) トリックスター(道化)とは、おどけながら意味を攪乱することによって、物事の深層の意味を表ざたにする者のことである。つまり、モーツァルトは陽気な意味の攪乱者、トリックスターなのだ。

山口昌男の弟子、中沢新一は、このモーツァルト像を更に繊細に深め「錬金術師としてのモーツァルト」について語る。チベットで修業的フィールドワークをした中沢は、『チベットのモーツァルト』を著す。「仏教的伝統が空とか無と呼んでいるそのような解き放たれた意識状態にたどりついて、そこから自分と自分のまわりの世界をよりよく知りたいと思った。意識のヘルメス的変成をめざすモーツァルトになること、錬金術師としてのモーツァルトになること(4)」。

トリックスターあるいは錬金術師、すなわち意識のヘルメス的変成。つまり、人間社会や日常意識の表層ではなく、その社会や意識の更に奥にある深層の生の律動（リズム）に耳をそばだて、身をまかすこと。すると我々が生きている日常生活の通常の意味というものが解体し、あるいは無限化し、自己を含めたすべてが自由な粒子の運動であることがみえてくる。あるいはその粒子の運動の音が聴こえてくる。それがモーツァルトなのだ、チベットのモーツァルトなのだ。中沢は、それを「極楽浄土の音楽」、つまり「天上の音楽」と言う。モーツァルトは「天上の音楽」を奏でる。

道頓堀のモーツァルト（小林秀雄）、そしてチベットのモーツァルト（中沢新一）。一方は哀しい顔をしている、他方は逆に陽気な顔をしている。しかし、いずれ道頓堀にせよ、チベットにせよ、なにかモーツァルトに代表される西洋クラシック音楽からは一番遠い地名ではある。だが、それが繋がってしまう。……モーツァルトとは、いったい何であろうか。

二　神のすばらしき創造の世界

モーツァルトは「天上の音楽」を奏でる。天上の音楽？……

しかし、モーツァルトの音楽は果たして、本当に「天上の音楽」であろうか。二〇世紀を代表する神学者カール・バルトは、それに同意する。七〇歳になった老バルトは、一九五六年、モーツァルト生誕二〇〇年の年に小冊子『モーツァルト』を著したが、その中で彼はモーツァルトの熱狂的なまでのファンであることを告白した。「私は、幾年このかた年々変わらず毎朝まずモーツァルトを聴き、しかるのちにようやく『教会教義学』〔の著述〕に向かっていることを告白しなくてはならない。それどころか、もし私が天なる御国に召されたならば、天国ではまず誰よりも先に〔つまりアウグスティヌスやルター、カルヴァンよりも先に〕モーツァルトを訪ねようと考えていることも告白しなくてはならない[(5)]」。

そして、こうバルトは語るのである。「〔天国で〕天使たちが神を賛美しようとして、ほかでもないバッハの音楽を奏するかどうか、これには絶対の確信はもてない。けれども、彼らが仲間うちで相集ったときには、モーツァルトを奏し、そのとき神様もまたその楽の音をことのほか悦んで傾聴なさるだろうこと、これは確かだ[(6)]」。

まさに、モーツァルトの音楽は「天上の音楽」なのである。したがって、やや意外なことだが、体の調子が悪いとき、気が沈んだ鬱のとき、モーツァルトはあまり心地よくないとも言われている[(7)]。モーツァルトは、「天上の音楽」を奏しているのであって、たとえ暗い流れの曲であっても、鬱には合わない。モーツァルトは、あくまで神までもが耳を澄ます「天上の音楽」を奏でるのである。

さて、では逆に「天上の音楽」ならぬ「地上の音楽」とは、いかなるものだろうか。バルトは、バッハやベートーヴェンを引き合いにだして面白いことを言っている。「モーツァルトの音楽は、バッハのそれとはちがって使信ではない、また人生告白ではないという点がベートーヴェンと異なっている。何らの教えを作曲したわけではなく、ましてや自己を歌い上げたわけでもない[(8)]」。

バッハの音楽は「使信」であり、ベートーヴェンの音楽は「人生告白」である、と言う。ここで「使信」と訳されている言葉は、„Botschaft" で、キリストの福音の告白・伝達のことである。つまり、バッハは自らの信仰を音楽を通して告白し、ベートーヴェンは自らの苦悩を音楽を通して告白したのである。それがキリストの教えであれ、ある教え（思想）を伝えたり、はたまた自己を表現したりすること、これが地上での人の営みであり、それが「地上の音楽」となる。

ところが、モーツァルトはちがうという。バルトは続けて書いている。「モーツァルトは何を語ろうとしているのでもない。ひたすら歌い響かせている。だから彼は聴く人に何も押しつけはしない[(9)]」。更に続けて「彼にあっては、主観的なものは決してテーマになっていない。彼は、自己について語ったり、自己の境遇、自分の気分感情を語るために音楽を用いることをしなかった[(10)]」。

モーツァルトは何かを語ろうとしているのではない。興味深いことに、まったく同じことを小林秀雄も指摘している。「モオツァルトは、何を狙ったのだろうか。恐らく、何も狙いはしなかった。現代の芸術家、のみならず多くの思想家さえ毒している目的とか企図とかいうものを、彼は知らなかった。……大切なのは目的地ではない、現に歩いているその歩き方である。……モオツァルトは歩き方の達人であった(11)」。

モーツァルトは何事か、自己や思想を語ろうとはしなかった。そうではなく、小林秀雄に言わせれば、ただ「歩いた」のである。モーツァルトは「歩き方の達人」だったのだ。歩く。どこを？　もちろんモーツァルトは地上を歩くのである。モーツァルトは「地上」を歩きつつ、「天上」の音楽を響かせる。逆に言いかえれば、「天上」の調べが「地上」を歩いている。

どういうことか。天上で響いている音楽が、この地上でも響いているのである。したがってモーツァルトの音楽はある意味で、「地上の音楽」とも言いうる。何とでも言い換えることができる。地上の音楽が、天上で奏でられる。そして、またこの地上で、天上の音楽が鳴り響く。道頓堀にも、もちろんサントリーホールにも、そしてチベットにも、である。

天上の音楽が、地上で鳴り響く……。なぜか。なぜ、天上の音楽が地上で鳴り響くのか。それは、この地上の世界が、神の造った世界だからである。この、我々の生きている地上、つまり世界が、神の創造の世界だからである。それゆえ、この地上に天上の音楽が鳴り響く。それがモーツァルトなのだ。つまり、モーツァルトが奏でられているような世界に、今、我々は生きているのだ。すばらしい、神の創造された世界はすばらしい。つまり、我々の生きている世界、ここは、神のすばらしき創造の世界なのである。

聖書は、はじめ神が天地万物を創造したと語る。天地万物が完成した、その日の夕刻、「神はお造りになったすべてのものを御覧になった。見よ、それは極めて良かった」と創世記（一31）は語る。神が創造したこの世界は、すばらしい、極めて良いと語る。

しかし、……しかし、どう見回してみても、あえて常套句を使えば、汚辱にまみれ罪に沈み込んだように見える、この我々の世界。だが、そうではないと聖書は語る。ここ、この地上は、神のすばらしき創造の世界なのである。モーツァルトの楽の音が聴こえてくる。神のすばらしき創造の世界……。モーツァルトの音楽とは、そういう音楽なのである。

三　耳

モーツァルトを描いた、ヨーゼフ・ランゲの有名な肖像画がある。画家ランゲはモーツァルトの妻コ

ヨーゼフ・ランゲ作『モーツァルト』1789年

ンスタンツェの姉の夫であった。背景は未完成なのだろうか、キャンバスは深い黒で塗りこめられている。その黒の中から、モーツァルトの横顔が浮かび上がる。未完成だが、未完成であることが完成しているような不思議な絵。この肖像画のモーツァルトについて、小林秀雄がこう語っている。「二重瞼の大きな眼は何にも見てはいない。世界はとうに消えている。……眼も口も何の用もなさぬ。彼は一切を耳に賭けて待っている[12]」。

一切を耳に賭ける。漆黒の夜に、耳だけが聴いている。モーツァルトは耳の人であった。

「耳」について、なんと言っても一番深く思索したのはマルティン・ルターである。耳の神学者ルター。

さて、ルターは言う、「キリストは何一つ書かなかった。だが、キリストはすべてを語った[13]」。では、そのキリストの語った声を、我々はどこで聴くことができるのか。教会でなされる「説教」において、それを聴くのである。つまり、説教とは（たんに牧師、すなわち人間の声でなく）キリストの言葉、すなわちキリストの声なのである。

それゆえ、ルターは「口の説教（mündliche Predigt）」を強調する。彼は言う、「(福音とは）本来、書物の中にあったり、文字で記されたものではない。それはむしろ、口の説教であり、生きている言葉であり、全世界に大声で響きわたり広がるのを人々が聴くところの声なのである[14]」。キリストの福音、それは「声」となって響きわたり、我々に届く。事実、パウロも次のように言う。「したがって、信仰は聴くことによるのであり、聴くことはキリストの言葉から来る」（ロマ一〇17）。

キリストの声は全地に響きわたる。キリストの声、それは「全世界に響き渡る声」なのである。そのキリストの声を、声であるから、もちろん我々は耳で聴く。さて、それゆえ「耳」こそが全てである。そこでルターは、耳こそが神の最高の被造物だとさえ言うのである。「悪魔が罪によって閉ざした耳を、み言葉が再び開き、そして我々が神の言葉を聴くことは、すばらしい業である。……神のそのみ言葉をよく聴かせるために、こうして耳を与えて下さったということは、神の最大の業であり、最高の善き業である[15]」。

「福音は聴覚以外の途では、聴きとられない[16]」。これがルターの結論である。キリストの声が全世界に響きわたる。それを「耳」が聴いている。

さて、モーツァルトである。神のすばらしき創造の世界、そこからモーツァルトが聴こえてくる。創造のすばらしさが、つまりこの世界のすばらしさが聴こえてくる。しかし、それはどのようにして聴こえてくるのだろうか。つまり、どのような仕組み、どのようなプロセスを経て聴こえてくるのだろうか。

すでに何度も確認したように、モーツァルト自身は自らの信仰や思想を語っているわけではない。ただ「ひたすら歌い響かせている」(バルト)、あるいは「現に歩いている」(小林)。と言うことは、では、どうなっているのか。バルトはその秘密を次のように解き明かす。「かれはまた神賛美を告知しようとはしていない。ただ事実に即してそれをしているだけである。大変へりくだって、言ってみれば自ら楽器になり果てて、自分の耳に明らかにきこえてくるもの、神の創造から我が身に迫るもの、己が内に溢れてほとばしり出ようとするものを人に聴かせるだけなのである[17]」。

自分の耳にきこえてきたものを、また他の人々に聴き伝える。バルトは次のように言う、「人間モーツァルトは、たしかに全宇宙を耳に聴きとり、それを自らはただ媒介の役を果たすのみとなって、歌いあげているのだ[18]」。つまり、モーツァルトは自らは「耳」となり、そして全宇宙をその耳で聴きとり、それを楽譜に書いたのである。全宇宙を聴く耳、それがモーツァルトなのである。

バルトは、先に挙げたモーツァルト生誕二〇〇年の年に著した小冊子『モーツァルト』の他に、あの浩瀚な主著『教会教義学』の第三巻「創造論」で、細かな活字の注の中ではあるが、異常なまでの情熱をかたむけてモーツァルトを論じている。そこで次のように書いている。「彼〔モーツァルト〕自身はただ、あの響きに対する耳であり、またほかの〔他の人々の〕耳に対するあの響きの仲介者であった[19]」。モーツァルトは「耳」である。これがバルトの結論。

つまり、モーツァルトは耳であり、その耳で神の創造した全宇宙の響きを聴きとり、それを自ら楽器となって、われわれの耳に送り届けてくれる。それゆえ、モーツァルトの音楽は「天上の音楽」でもあり、「地上の音楽」でもあるのである。

ここでエピソードを二つ。ある意味、うわさ話の類いだが、案外、的を射ている気もする。一つは、歌手の藤圭子。時は、一九七〇年代始め、日本の高度経済成長の光と陰とが乱舞していた時代であったが、その陰の部分を彼女は絶唱し人気を集めた。人々は、浪曲師の父、盲目の母と伴に旅芸人をしていた彼女の過去を、彼女の歌の中に見い出し、それゆえ怨歌とも名付けた。「十五、十六、十七と私の人生暗かった……」。

しかし、ノンフィクション作家、沢木耕太郎によるインタヴューの中で、彼女ははっきりこう言うのである。「あたしの歌を、怨みの歌だとか、怨歌だとかいろいろ言ってたけど、あたしにはまるで関係なかったよ。あたしはただ歌っていただけ[20]」。その歌に、自分の思いや過去など全然込めることもなく、無心にただ歌っていた。しかし、それがむしろ人々の胸を打ったのである。ちょうどモーツァルトが自らの信仰や思想を楽曲にしたのでなく、ただ「ひたすら歌い響かせていた」ようにである。

もう一つのエピソードは、モーツァルトの天才伝説の一つである、彼の恐ろしいまでのよき耳についてである。モーツァルトの耳はいかなる響きをも一瞬にして聴きとる耳であった。たとえば西田幾多郎は『善の研究』で「純粋経験」について論じ、そこで「直観」について論究しているが、芸術家や宗教家の直観について言及しつつ、次のように言う。「モツァルトは楽譜を作る場合に、長き譜にても、画や立像のように、その全体を直視することができたという[21]」。

有名な天才伝説である。このエピソードは、モーツァルトの次のような手紙の一節に基づいている。「たとえ長いものだろうと、全体がほとんど完全に仕上がった形で心に浮かんでくる……だんだんに聴くのでなく、いわば何もかも、全部いっぺんに聴いてしまうのです。……そんなわけで、紙〔楽譜〕に書き込むのは実に早くできる……[22]」。ただし、実はモーツァルトのこの手紙は全くの偽作であることが、今日では判明している。しかし、こうした偽作に基づく伝説が、まことしやかに語られるほど、モーツァルトの耳がすべてを聴きとっていたということであろう。モーツァルトとは、よき「耳」である。

さて、しかし、モーツァルトがそのよき耳で聴いたもの、そして彼の耳を介してわれわれの耳に送り届けられたもの、それは一体、何であろうか。このことについては、すでに何度も述べた。神のすばらしき創造の世界の響き、つまり、我々の生きているこの世界の響き、である。

もちろん、神の創造の世界には、なんと言っても輝く光が、しかしまたその限界もある。輝きと限界、その調和、つまり創造の調和である。バルトは『教会教義学』の中で、次のように描いている。「この創造の調和にはまた暗さも属しており、しかしその創造の調和の中では、また、暗さも暗黒ではなく、不足も欠陥ではなく、また悲しみも絶望にまで至ることはない……」。つまりモーツァルトは輝きも限界も含めて、「被造物世界全体を聴いた」のである。それゆえ「彼が生み出した音楽は、全体的な音楽であった[23]」。

バルトのモーツァルト観をまとめておこう。バルトは言う。「彼〔モーツァルト〕は……神学に（特に創造論に、それからまた終末論に）属している……。かれはまさにこの事柄において、その全体性の中でよき創造について、何かを知っていた」。そこで「彼は被造物世界を……聴くことによって、そもそも彼の音楽ではなく、むしろ被造物世界そのものの音楽を……生み出した」のである。要するに、モーツァルトは「創造はその全体性において、……完全であるということを耳で聴こえうるようにした」

てくれるのである。

モーツァルトの耳は、神のすばらしき創造の世界の響きを聴く。そして、それをわれわれの耳に届けるのである。[24]

四　フクシマの後で、モーツァルトを聴く

モーツァルトの耳は、そして、その耳に媒介されてわれわれの耳は、神のすばらしき創造の世界の響きを聴く。すばらしき、このわれわれの世界。しかし、もう一度、考えてみる。この世界は本当にすばらしいのだろうか。むしろ、前にも書いたように、汚辱にまみれ罪に沈み込んでいるのではないか。そしてパウロは説く、「罪が支払う報酬は死である」(ロマ六23)。

実際、われわれ人間には、個として考えれば、いつか必ず「死」が訪れ、そしてこの世界を全体として見渡してみれば、「災い(災害)」がわれわれを襲う。二〇一一年三月一一日、東日本大震災、地震と津波、そしてフクシマの原発事故。……それでも、神の創造したわれわれのこの世界はすばらしい、と言えるのだろうか。

そこで、まず「死」の問題について、そして次に「災い」の問題について考えてみよう。

死について。人間はいつか必ず死んでゆく。しかし、とバルトは言う。「神のよき創造に、人間の限界と終りも属している[25]」。「創造者なる神は、その被造物としての人間に対して限界をおき給うた[26]」。つまり、人間は神の前に自由へと召されているが、しかし、それは『教会教義学』第五六節の表題にもなっているごとく「限界の中での自由」なのである。

具体的に言えば、人間には「人間の時間[27]」というものがある。それが人間の限界であり、それは人間は一度だけ生きる（「一度だけの機会[28]」）という限界である。より具体的に言えば、「「一度だけの機会」とは、全くただ、誕生と死の間にはさまれたその限定された中での人間的生のことである[29]」。したがって「われわれが死ぬであろうということは、われわれの前方にある、時間の中でのわれわれの存在の限界である[30]」。

人間は誕生と死の間にはさまれた「人間の時間」を生きる。それが神が人に与えた「限界」なのであり、かかる限界もまた神のすばらしき創造に属している、とバルトは言う。それゆえ、神が与えたその限界をよく知ることが大切なのであり、したがってまた、それゆえ「自分が死ぬであろうことを常に熟慮し、しかも死ぬことを恐れないということ[31]」が大切なのである。

死を恐れないということ。これがある意味、バルトの「死」をめぐる思索の結論である。そして、ここで驚くべきは、この決定的な場面のその最終結論の最もよき範例として、『教会教義学』の中で、バルトは偉大な信仰者や神学者、はたまた哲学者の言葉ではなく、音楽家モーツァルトの言葉を引用している、という事実である。次の手紙である。

モーツァルトは、一七八七年四月四日、大病を患っている父宛にウィーンから手紙を書いた。その一節。

死は（厳密に考えて）われわれの一生の真の最終目標なのですから、私は数年この方、人間のこの真の最善の友ととても親しくなって、その姿が私にとってもう何の恐ろしいものでもなくなり、むしろ多くの安らぎと慰めを与えるものとなっています。……私は（まだこんなに若いのですが）もしかしたら明日はもうこの世にいないのではないかと考えずに床につくことは一度もありません。それでいて、私の知っている人はだれ一人として、私が人との交際で、不機嫌だったり憂鬱だったりするなどと、言える人はないでしょう(32)。

モーツァルトの死をめぐるこの手紙を、小林秀雄も引用し、次のように語る。「何故、死は最上の友なのか。死が一切の終わりである生を抜け出て、彼〔モーツァルト〕は死が生を照らし出すもう一つの世界からものを言う。ここで語っているのは、もはやモオツァルトという人間ではなく、むしろ音楽という霊ではあるまいか。最初のどのような主題の動きも、すでに最後のカデンツ〔終止の技法〕の静止のうちに保証されている、……」[33]。そして、最初のものがすでに最後のもののうちに保証されていることのあり方を「音楽に固有な時間」であると言う。

「音楽に固有な時間」。最初の主題から最後の終止技法まで「音楽に固有な時間」は、すでに決まっているのだ。人間の生に誕生からはじまって死があるように、始めがあり終わりがある。誕生があり死がある。すでにそれは決まっている。バルトはそれを「人間の時間」と言ったが、それは誕生と死との間にはさまれた「一度だけの機会」でもあった。そして、この人の生の「一度だけの機会」こそが、神が人に与えた「限界」というものである。しかし、それは神が与えたもうた限界ゆえ、わたしはそれを指して、あえて「喜ばしき限界」と呼びたい。つまり、死もまた神のこのすばらしき創造に属するのである。

モーツァルトの耳が、神のすばらしき創造の世界の響きを聴き、そしてわれわれに送り届けてくれたその響きを更にわれわれの耳が聴くとは、決して朝の木立の中を飛び交う小鳥の鳴き声を聴くというようなことではない。神が人に与えた「死」の響き、その喜ばしき限界の響きを聴くということでもあるのだ。神の声を聴くとは、そういうことである。

次に、災い（災害）について考えてみよう。３・11、地震と津波、そしてとりわけフクシマ。あの日、二〇一一年三月一一日、東日本の太平洋岸一帯を地震・津波が襲い、それに伴って福島第一原子力発電所が爆発した。自然災害、そして他方明らかに人災。地震と津波のため死者・行方不明者約二万人、また原発事故による汚染は今も終息していない。特に原発事故は「原子力の原理的特異性」によるある意味で負の「カイロスとしてのフクシマ」と言ってよいであろう。[34] つまり、われわれはフクシマ以後の世界に生きることとなったのである。

さて、われわれは３・11の大地震の後、リスボン大地震を憶い起こした。一七五五年一一月一日、この日、リスボンを大地震が襲った。マグニチュード九。大火災と大津波によって、リスボンの町が壊滅し、死者数は三万人とも八万人とも伝えられている。ヨーロッパ中の人々が震え上がった。

こうした災害で、何が問われたのか。３・11フクシマの後、人々は人間の科学技術の力について、つまり人間の力について疑問を持った。リスボンではどうか。リスボンの後、人々は神の力について疑問を持った。神がおられるのに、なぜこのような災害が生じ、なぜ善人が苦しむのか。神はほんとうに正義なのか。いわゆる「神義論」の問いである。[35]

神義論の問い。「神義論（テオディセー、Théodicée）」という言葉は、一八世紀の哲学者ライプニッツが、ギリシア語の「テオス（神）」と「ディケー（正義）」を組み合わせて造語した言葉である（「弁神論」とも訳す)。ライプニッツは、こう考えた。神は最善の世界を創造した。もちろん、確かに悪がある。しかし、それは全体の調和のためにむしろ役立つ(ちょうど陰が絵画全体の美を引き立たせるように)。つまり、神は、予定調和の最善の世界を造ったのだ。神は正義なり……。

しかし、リスボン大地震が起こったのである。この世界は、予定調和の最善世界であろうか。ヨーロッパ史上、最大の災害。ヨーロッパ中の知識人の間に、神義論的衝撃が走った。予定調和のライプニッツ的楽観主義(オプティミズム)が吹き飛んだのである。

一八世紀後半の知識人たちは、リスボン大地震を前にしてたじろぐ。カントは神の働きに対する人間理性の限界に思いをめぐらし、ルソーは改めて自然について熟考し、ヴォルテールは小説『カンディード』の中でライプニッツ的楽観主義を痛烈に批判した。いずれにせよ、人々はリスボン大地震に直面し、神への素朴な信頼に問題を感じ、はたまたそのように神に信頼する自分たちにも、つまり人間にも問題を感じたのである。神への疑問と人への疑問。明快な答えがない。答えのない暗い時代であった、と言ってもよいであろう。

ところが、バルトがモーツァルトに関して、誰もが気付かなかったが、しかしきわめて単純なある事実を指摘している。と言うのは、モーツァルトは、そうした暗いリスボン後の時代の中で生き、その中で作曲していたという、それ自体としては当たり前な、しかし意味深い指摘である。バルトは次のように書いている。「彼〔モーツァルト〕は、この事柄〔創造論そして終末論〕において純粋であり、楽観主義者や悲観主義者たちよりもはるかに高くあった。しかも一七五六―一七九一年においてである。それは、リスボンで起った地震のために、人が親愛な神を告発の的とした時代である……。〔そうした時代の中で〕モーツァルトは神義論の問題について、神の平安を持っていた[36]」。

モーツァルトは、一七五五年のリスボン大地震の翌年一七五六年に生まれている。その時代は、なぜ神は大災害（悪）を放置されたのか、という神義論の問いが渦巻いていた時代であった。その中でモーツァルトは作曲していたのである。しかし、彼は神義論について、神に由来する平安な気持ちではっきりとした答を持っていた、という。

どういうことか。バルトはこう説明する。モーツァルトは、「神の声」を聴き取っていた、つまり「創造の調和」を聴き取っていた。そして「この創造の調和にはまた暗さも属しており、しかしその創造の調和の中では、また暗さも暗黒ではない……。〔そして、その中には〕明るさが、しかしまたその限界が……ある」。そして、続けてバルトはこう書くのである。

「（カクシテ）永遠ノ光が彼ラニ照ル、またリスボンの死者たちの上にも[37]」。

さて、楽曲の主旋律のように何度も変奏しつつ繰り返し記しているが、モーツァルトの耳は、神のすばらしき創造の世界の、その響きを聴いたのである。しかし、改めて問う。神が創造された、このわれわれの世界はそんなにすばらしいのだろうか。リスボンで大地震があり、フクシマで原発事故があった。……すばらしくはない、そんな声が聴こえる気もする。深い諦念。

だが、モーツァルトは神の創造のすばらしき響きを聴き、それを作曲したのである。そしてそのすばらしき響き、すなわち永遠の光は、「リスボンの死者たち」の上にも照っていた。そして、もちろん「3・11の死者たち」の上にも照っている。それゆえ、今、われわれはフクシマの後でも、それでもモーツァルトのレコードの上に、針を落とすことができるのである。この汚染された世界の、その只中でモーツァルトが聴いたあの響き、神の創造のあの響きが、透かし聴こえる。

モーツァルトは一七五六年に生まれ、一七九一年に死んでいる。三五歳であった。その最後の年、彼は春に「魔笛」（K620）をつくり、秋に「クラリネット協奏曲」（K622）をつくり、冬に「レクイエム」（K626）をつくった。そして一二月五日に死んだのである。「魔笛に」に溢れる生の明るさ、不思議なことにその中に五歳のモーツァルトがつくった「クラヴィアのためのアレグロヘ長調」（K1）に似た旋律が出てくると言われる。そして最後の作品「レクイエム」、死にゆく者への鎮魂。

この両者の間に、「クラリネット協奏曲」がはさまっている。「……クラリネットが鳴らされる。それはあんまり平静なので、かえって、耐えがたい悲しみをきくものによびおこさずにいない。ことに、これが明るい長調の光のなかで起る出来事であるだけに、短調のときよりも痛切さはより全面的である[38]」。

それが人生なのだと思う。神のすばらしき創造の世界を歩む人の、人生なのだ。人生はクラリネット協奏曲のように……。だから、フクシマの後でモーツァルトを聴く。

注

（1）小林秀雄「モオツァルト」『日本の文学43』中央公論社、一九六五年、一〇九頁以下。
（2）モーツァルト『モーツァルトの手紙（上）』柴田治三郎訳、岩波文庫、一九八〇年、八〇―八一頁。
（3）山口昌男『本の神話学』中央公論社、一九七一年、七三頁以下。なお、山口昌男のモーツァルトをめぐる論考は、『モーツァルト好きを怒らせよう』（第三文明社、一九八八年）にまとめられている。
（4）中沢新一『チベットのモーツァルト』せりか書房、一九八三年、五頁。
（5）カール・バルト『モーツァルト』小塩節訳、新教出版社、一九八四年、六頁。
（6）同上、一八頁。
（7）吉田裕「私のモーツァルト」『礼拝と音楽』七一号、一九九一年秋号、特集モーツァルト、日本基督教団出版局。
(8) カール・バルト、前掲書、三七頁。
(9) 同上、三七頁。
(10) 同上、五六頁。
(11) 小林秀雄、前掲書、一三八頁。
(12) 同上、一〇九頁。
(13) Martin Luther, WA 5, 537（「第二回詩編講義」）。
(14) Martin Luther, WA 12, 259（「一五二三年の、ペテロ書簡についての講義説教」）。
(15) Martin Luther, W^{2}. 13, 2319（「家庭用説教集」、一五三三年の三位一体後第二主日の説教）。
(16) Martin Luther, WA 57, 139（「ヘブル書講義」）。
(17) カール・バルト、前掲書、三八頁。
(18) 同上、三四頁。
(19) カール・バルト『教会教義学　創造論』Ⅲ／2、吉永正義訳、新教出版社、一九八五年、二二頁。
(20) 沢木耕太郎『流星ひとつ』新潮社、二〇一三年、二七頁。
(21) 西田幾多郎「善の研究」『西田幾多郎全集』第一巻、岩波書店、二〇〇三年、三四頁。
(22) モーツァルト『モーツァルトの手紙』吉田秀和編訳、講談社学術文庫、一九九一年、三〇九―三一〇頁。なお、この手紙の偽作説については、同書、三一三―三一四頁参照。

(23)カール・バルト『教会教義学　創造論』Ⅲ／2、前掲書、二一一頁。
(24)同上、二〇―二三頁。
(25)カール・バルト『教会教義学　創造論』Ⅲ／2、前掲書、二二三頁。
(26)カール・バルト『教会教義学　創造論』Ⅳ／4、吉永正義訳、新教出版社、一九八一年、三頁。
(27)同上、三頁。
(28)同上、三頁以下。
(29)同上、一〇頁。
(30)同上、五一頁。
(31)同上、五一頁。
(32)モーツァルト『モーツァルトの手紙（下）』柴田治三郎訳、岩波文庫、一九八〇年、一二四―一二五頁。
(33)小林秀雄、前掲書、一四〇頁。
(34)「原子力の原理的特異性」や「カイロスとしてのフクシマ」については、本書四章及び六章を参照。
(35)拙稿「神義論（弁神論）の問い―ライプニッツとルター」（『ライプニッツ読本』酒井・佐々木・長綱編、法政大学出版局、二〇一二年、所収）を参照。
(36)カール・バルト『教会教義学　創造論』Ⅲ／2、前掲書、二〇―二一頁。
(37)同上、二一一頁。
(38)吉田秀和『モーツァルトを求めて』白水社、二〇〇五年、一八一頁。

あとがき

私は以前、ある文章の冒頭に「どんな文章にも日付がある」と書いたことがある。本書についても、それは当てはまる。本書の場合、それは「500」と「3・11」である。500とは宗教改革五〇〇年(二〇一七年)のことであり、3・11とは言うまでもなく二〇一一年三月一一日の東日本大震災、とりわけそれにともなうフクシマ原発事故のことである。500と、3・11……。

もちろん本書のテーマは、ルターと宗教改革についてである。今日、宗教改革五〇〇年を論じるということは、ルターとその後の改革運動を批判的に検討することだが、それにしても私の印象ではルターを論じる場合、その時代的限界や問題点を指摘することをも含めて改革者としてのルターが前面にでてくる。それはある意味当然だが、やはりその改革の奥にあるルター(神学)の核心点こそが大切だと思う。

具体的には本書を読んでいただきたいが、キーになることを一言しておけば次のようなことである。ルターの昨日《きのう》・今日《きょう》・明日《あした》に目を向けること。昨日に目を向ける、するとそこにルター神学の核心点が心に刻まれてくる。それを私は「恩寵義認」と名付けたい。今日に目を向ける、すると私たちが生きているのはフクシマの時代だということがわかる。その中でルターについて考える。それを私は「三つのE」という言葉で表現してみた。そして明日に目を向ける、すると何が一番肝心であるかが見えてくる。「ルターの脱構築」である。恩寵義認、三つのE、ルターの脱構築、この三点が本書の語りたいことなのである。

さて、3・11である。フクシマの問題。本書でこの問題を主題的に論じているわけではない。しかし、私は五〇〇年を語るとき、いつも三月一一日を意識していたし、三月一一日について考えるとき、いつもルターのことに思いを巡らしていた。そうした意味で本書の末尾に付論として「フクシマのモーツァルト」を収録した。

それにしても読み返してみて、同じ論点の繰り返しが多いと私自身思う。いろいろな機会に書いたり、論じたりしたのでこうなってしまった。しかし、重複し繰り返し論じているところが、私が本当に語りたいところなのである。

出版に際し、リトンの大石昌孝氏に大変お世話になった。感謝します。

宗教改革五〇〇年を憶えて出版する本である。それゆえ本書を日本福音ルーテル教会の未来に献げたいと思う。

二〇一八年一〇月三一日

江口再起

初出一覧

一章　贈与の神学者ルター
日本聖書協会「宗教改革５００年記念ウィーク・エキュメニカル晩餐会」講演（二〇一七年九月一八日）、『日本聖書協会「宗教改革５００年記念ウィーク」講演集』日本聖書協会、二〇一八年、収録

二章　ルターにおける信仰と贈与の神学――『大教理問答書』に学びつつ
『ルター研究』別冊２号（宗教改革５００周年とわたしたち２）、ルター研究所（ルーテル学院大学付属）、二〇一四年、（原題「贈与の神学者ルター」）

三章　「恩寵義認」信仰論
『教会と宣教』二二号、宣教ビジョンセンター（日本福音ルーテル教会・東教区）、二〇一六年

四章　三つのＥ（エコロジー、エコノミー、エキュメニズム）――フクシマ以後の、来たるべきエキュメニズム
『ルター研究』別冊３号（宗教改革５００周年とわたしたち３）、ルター研究所、二〇一五年、（原題「三つのＥ――来たるべきエキュメニズムのプログラム」）

五章　恩寵義認と三つのE――ルターの原点と可能性
日本福音ルーテル教会全国教師会（二〇一七年一一月二一日）講演（演題「ルターの原点と可能性」）、『教会と宣教』一三号、宣教ビジョンセンター（日本福音ルーテル教会・東教区）、二〇一七年、収録

六章　ルター、プロテスタンティズム、近代世界
『ルター研究』別冊1号（宗教改革500周年とわたしたち1）、ルター研究所、二〇一三年、（原題「ルター・プロテスタンティズム・近代世界――宗教改革五〇〇年のために」）

七章　ルターの脱構築――ルターと共に、ルターを越えて
日本基督教学会第六五回学術大会シンポジウム「宗教改革とポスト近代」発題（二〇一七年九月三〇日）、『日本の神学』五七号、二〇一八年、収録。更に加筆して『ルター研究』別冊5号（宗教改革500周年とわたしたち5）、ルター研究所、二〇一八年、収録。

付論　フクシマのモーツァルト
『教会と宣教』一九号、宣教ビジョンセンター（日本福音ルーテル教会・東教区）、二〇一三年

（＊上記、初出の論考、講演に加筆等をした）

著者紹介

江口　再起（えぐち　さいき）

1947 年、佐賀県に生まれる。
獨協大学、日本ルーテル神学大学（現・ルーテル学院大学）・神学校卒業。
日本福音ルーテル教会牧師、東京女子大学教授を経て、現在、ルーテル学院大学・神学校教授。ルター研究所所長。

著書　『ルターを学ぶ人のために』（編著　世界思想社、2008 年）、『神の仮面―ルターと現代世界』（リトン、2009 年）、『ルターと宗教改革 500 年』（NHK 出版、2017 年）など。

ルターの脱構築

――宗教改革 500 年とポスト近代

発行日　2018 年 11 月 26 日

著　者　江口再起

発行者　大石昌孝

発行所　有限会社リトン

101-0061　東京都千代田区神田三崎町 2 -9-5-402

TEL 03-3238-7678 FAX 03-3238-7638

印刷所　株式会社 TOP 印刷

ISBN978-4-86376-068-4　